Alois Epple und Ludwig Seitz (Hrsg.)

Türkheimer Anthologie
Verslein und G'schichtlein Türkheimer
Dichter

Herstellung und Verlag:
BoD - Books on Demand, Norderstedt
ISBN 978-3-7431-1677-1

Vorwort

Vom 23. April bis zum 30. Juni 2004 veranstaltete der Arbeitskreis für gemeinsame Kulturarbeit bayerischer Städte e.V. die Veranstaltungsreihe „Die Literaturlandschaften Bayerns". In diesem Zusammenhang hielt ich am 19. Mai 2004 in der Gemeindebücherei in Türkheim den Vortrag: „Von Türkheimern und über Türkheim". Bei den Vorbereitungen zeigte sich, dass es, wie in wohl vielen Gemeinden dieser Größe, auch in Türkheim etliche Gedichtemacher und Dichter gibt und gab die zu allen möglichen Anlässen poetisch tätig werden und wurden. Wenige sind (noch) bekannt, etliche sind vergessen.

Es lohnt sich aber, in einer Anthologie, einer Blütenlese, auf sie aufmerksam zu machen, schon um die literarische Vielfalt zu zeigen, die es in einem Ort wie Türkheim gibt.

Vielleicht fehlt der eine oder andere Türkheimer Dichter. Da die meisten dieser musisch Begabten nur einen kleinen Wirkungsradius haben, sind sie vielleicht nur Wenigen bekannt. Wir haben deshalb in der Mindelheimer Zeitung darauf hingewiesen, dass dieses Büchlein im

Entstehen ist und die Türkheimer aufgefordert, uns Dichter zu nennen, damit wir sie ansprechen können. Ein Gedichtemacher konnte auf diesem Weg „entdeckt" werden.

Schon öfter wird hier von „Türkheimer" Dichtern gesprochen. Da wird der Leser nun überrascht sein, wenn er als Geburtsort nicht ‚Türkheim' liest. Das hängt meistens damit zusammen, dass es in Türkheim schon länger kein Krankenhaus mit Entbindungsstation mehr gibt. ‚Türkheimer' Dichter soll sein, wer in Türkheim lebt(e).

Schwierig war die Auswahl aus dem oft umfangreichen Gesamtwerk mancher Dichter. So umfassen die handschriftlichen Reden und Gedichte des Irsingers Thomas Simnacher mehrere hundert Seiten. Hier wurden Gedichte ausgewählt, welche besonders zu Türkheim passen. Es gibt aber auch Autoren, welche bisher nur ein Gedicht schrieben.

Etliche Gedichte beziehen sich auf Familienereignisse wie Hochzeiten und Geburtstage. Es ist nicht nur das konkrete Ereignis, was diese Gedichte lesenswert macht, sondern die Reime, die Aussagen allgemein, die Übertragbarkeit auf ähnliche Ereignisse.

Manchem Autor erscheinen vielleicht sein Porträt zu klein und seine Biographie zu kurz. Es sollte jedoch jedem Autor ungefähr der gleiche Umfang eingeräumt werden. Manchmal musste auch Rücksicht auf die Seitengröße genommen werden.

Die Reihenfolge der Autoren ist alphabetisch, um so eine Bevorzugung oder Benachteiligung von Autoren zu vermeiden.

Inhalt

Ludwig Aurbacher	9
Adolf Bader	16
Georg Baur	20
Joseph Bernhart	28
Martin Eberle	35
Alfred Eckert	41
Hubert Eichheim	46
Alois Epple	48
Siegfried Hasler	58
Jürgen Gnauk	63
Ferdinand Goßner	68
Maria Hefele	72
Anton Höfer	78
Paula Jakwerth	84
Oswald Läuterer	94
Christine Ledermann	97
Maria Mayer-Günther	104
Ingrid Nieser	109
Anton Noder	111
Hans Ruf	117
Achim Schregle	129
Luitpold Schuhwerk	131
Sieglinde Seegger	141
Ludwig Seitz	147
Thomas Simnacher	154
Georg Weglehner	161
Hubert Wiedemann	168

Ludwig Aurbacher

Aus den Jugenderinnerungen

Neben dem fürstlichen Schlosse im schwäbischen Markte Türkheim stand vordem ein kleines unansehnliches Haus, darin eine zahlreiche Familie. Der Hausvater, ein Nagelschmied, arbeitete mit zwei Gesellen und seinem älteren Sohn in der kleinen rußigen Schmiede, wo es von morgens vier Uhr bis abends sieben Uhr lebhaft genug zuging. Desto stiller war es in der engen Stube; hier nähte die Hausmutter, umgeben von zwei bis drei Töchtern nebst einem Lehrmäd-chen, emsig an Visieren (Weiberhauben) und an anderen weiblichen Hauben. Ein Kind lag in der Wiege; ein kleiner Knabe lief ab und zu; die Magd half in gröbern Hausarbeiten bei, wenn sie nicht in dem Stalle zu tun hatte, wo drei Kühe zu füttern und zu pflegen waren. So gab's denn bei der Morgen- und Abendsuppe und zu Mittag immer eine zahlreiche Tischgesellschaft, und an Appetit fehlte es auch nicht, den jedoch die wackere Hausmutter zu befriedigen wußte. […]

In diesem Hause ward ich geboren am 26. August 1784. Mein Vater, der billigerweise sich um jedenneuen Ankömmling freudig annahm, unterließ nicht, den Geburtstag in seinem

Kalender zu bemerken und sogleich das Himmelszeichen in der astrologischen Tabelle nebst dem Prognostikon nachzusehen [...] Die weitere Sorge war ihm, wie mir erzählt worden, dem Kinde einen Namen zu schöpfen. Als der nächste im Bauernkalender stand ihm Augustinus (28. August), der auch sofort von der Mutter gutgeheißen wurde. Der bedächtige Mann aber, wie er nochmal einen Blick in den Kalender geworfen, fand späterhin einen näherliegenden, höherstehenden königlichen Namen, Ludovikus (25. August), und so wurde ich denn ohne Mitwissen meiner Mutter Ludwig getauft, ein Name, der in der Gemeinde und Umgegend unbekannt war. [...]

Der alte Schulmeister, zugleich Mesner und Organist, sah das Schulhalten selbst nur als eine lästige Verpflichtung an, und wenn er auch inmitten von vierzig bis sechzig Kindern verschiedenen Alters und Geschlechtes saß, so war dessen einzige Beschäftigung, Zucht zu halten und die Kinder der Reihe nach „aufsagen" zu lassen, was sie selbst gelernt haben.

aus: „Jugenderinnerungen" (Aurbachers Autograph liegt in der Bay. Staatsbibliothek, Handschriftensammlung)

Wie die Sieben Schwaben den Strauß bestehen

Da es nun aber an dem ist, daß ich dir, günstiger Leser, das größte und gefährlichste Abenteuer erzählen soll, welches die Sieben Schwaben bestanden: so befinde ich mich in keiner kleinen Verlegenheit, wie ich die Sache der Wahrheit gemäß darstellen soll. Denn weil ich die Tat, leider! nicht selbst mitgetan, so mußte ich sie eben von jenen vernehmen, die, wie verlautet, dabei gewesen; absonderlich von dem Seehasen, dem Anführer der Helden und dem Verkünder ihres Heldentums. Der aber, wie du weißt, ist ein Erzlügner gewesen, ein Windbeutel, ein Ploderer, ein Mährensager von Haus aus. Und die übrigen, mit Respekt zu melden! Verdienen wohl ebensowenig Glauben; denn jeder, wie leicht zu vermuten, wird nur zu eigenen Gunsten erzählet, und seinen Part am Abenteuer herausgestrichen haben. In solcher Not, was soll der Geschichtsschreiber tun? Ohne Zweifel das Beste. Und so will ich denn die Historie also nehmen und geben, wie sie mir als die natürlichste und wahrhaftigste erscheint. Andere machen es auch nicht anders im andern. – Es sei also kund und zu wissen, wie daß die Sieben Schwaben in den Strauß zogen, hübsch langsam voran gegen den Busch zu, wo, wie der Seehas sagte, der Drach sein Nest hatte. Als sie schon ganz nahe waren, sagte der Spiegelschwab: Mich grimmt's im Bauch, und ich muß abseiten. Das wollte der Allgäuer nicht leiden , und er sagte: es sollte mit den andern mitmachen, und nicht apart tun. Der Spiegelschwab versetzte: er wolle ja nur spionieren gehen, wo das Tier stecke. Laß es stecken, sagte der Allgäuer, wo es steckt, und bleib' sag' ich. Jetzt seid stät, und haltet's Maul, rief der Seehas, und lugt und los't. Und wie sie nun gegen den Busch weiter vordringen, und lugen und losen, siehe da liegt ein Has im Busch, der lugt und los't auch, und macht ein Männle und erschrickt, und lauft davon. Die Sieben Schwben aber blieben stehen ganz erstaunt und erstarrt. Hast's gesehn, hast's gesehn? rief einer um den andern; und es war so groß wie ein Pudelhund – wie ein Mastochs – wie ein Trampeltier, sagte einer um den andern. Bygost! sagte zuletzt der Allgäuer, wenn das kein Has gewesen, so weiß ich den Grünten von keinem Büchel zu unterscheiden. Nun ja, Has hin, Has her! Sagte der Seehas; ein Seehas ist halt größer und grimmiger, als alle Hasen im heiligen deutschen Reich, Und das hat er gut gemacht. –

Dieses Tiergeschlecht aber, mein' ich, wird seit der Zeit wohl ausgestorben sein, wie die Mammuts.

Das letzte Kapitel, womit aber die Geschichte von den Sieben Schwaben noch nicht aus ist

Was aus den andern Gespanen geworden, und welche Abenteuer insbesondere der Spiegelschwab noch weiter gehabt, davon handelt ein eigenes Büchlein. Hier sei nur vom Blitzschwaben in Kürze gemeldet, wie daß der Spruch der Zigeunerin an ihm nicht wahr geworden sei, sondern es ist gerade das Gegenteil geschehen, denn er hatte ihren bösen Zauber zerstört. Und er ist, versprochenermaßen, dem Kätherle aus der Grafschaft Schwabeck auf die Kirbe gekommen, und sie sind Mann und Weib geworden, und haben viele Kinder erzeugt, und ein langes, langes Leben geführt in Fried und Einigkeit. Und der dies schreibt, stammt von ihnen her, und sie sind seine Guk-Guk-Ähnle gewesen.

aus: „Die Abenteuer der Sieben Schwaben"

Herz um Herz.

Diə Muəttər tuət all·s gráinə~,
Dər Vattər will·s it hâu~.
I so'tt mei~n Allərliəbstə~
Urplitzli' gangə~ lâu~.

Ear sei für mi' all·s z'voərnêm,
Ear sei für mi' all·s z'reich,
I so'tt halt áinə~ nemmə~,
Deər eüsər ái~·m sei gleich.

Mei~ Vattər und mei~ Muəttər,
Diə máinə~·s meinthalb guət,
Mə~ ka~·s ə~·n net vərdenkə~,
Wenn siə sind auf dər Huət.

Do' bei mər ist iər Soərgə~
Umsu~st — i sag· əs frei —
Mei~ Liəbstər weərd wol wissə~,
Wiə hoəch und weərt i sei.

I bi~ sei~ „guldnəs Mädlə",
I bi~ sei~ „Taûsə~d=Schatz" —
Draûf geit ər Briəf und Sigəl,
Draûf geit ər miər ən Schmatz.

Bin i iəm no~ so kosch'bər,
Was gâut·s diə andrə~ a~?
Ear weərd·s am béstə~ wissə~,
Wiə vil i geltə~ ka~.

So sim=mər quitt und lébi',
Und tauschə~ Heə·z und Hand,
Und was no' fêlt, ərsétzt iəm
Mei~ Fleiß und mei~ Vərstand.

aus: „Schriftproben in oberschwäbischer Mundart"

 Ludwig Aurbacher wurde 1784 in Türkheim geboren. Er sollte Priester werden. Die Säkularisation verhinderte, dass er in Ottobeuren Benediktiner wurde. Er kam nach München und wurde dort Professor im kgl. Kadettenchor und gehörte dort zum spätromantischen Kreis. Aurbacher starb 1847 in München.

Literatur von Ludwig Aurbacher: Aurbacher hinterließ ein umfangreiches literarisches Werk, welches zurzeit von Alois Epple kommentiert herausgegeben wird (vgl. Epple, Alois (Hrsg.): Ludwig Aurbacher)

Literatur zu Ludwig Aurbacher: Eine Zusammenfassung mit Literaturangaben findet sich bei Epple; Alois: Der schwäbische Volksschriftsteller Ludwig Auracher, in: Literatur in Bayern, Nr. 73, 2003; ver-schiedene Aufsätze von Alois Epple, in: Pesch, Dorothee u.a. (Hrsg.): Die Sieben Schwaben, Oberschönenfeld 2013

Adolf Bader

Willkommen

*Im weitgedehnten Wertachtale An
leichte Höhen hingeschmiegt,
In reichen Fruchtlands grüner Schale
Mein Heimatort, mein Türkheim, liegt.*

*Sein hoher Turm glänzt in die Weiten
Hinaus als wie von Elfenbein,
Winkt freundlich hin nach allen Seiten:
„Grüß Gott Dich, Wand'rer, nur herein!"*

*Und kommst Du in den Markt gezogen,
Gleich bieten stattlich sich zur ‚Schau
Des „Ludwigstores" stolzer Bogen,
Des einst'gen „Fürstenschlosses" Bau.*

*Noch höher wird das Herz gehoben,
Durch mächt'ger Gotteshäuser Pracht,
Wo, von des Himmels Hauch umwoben,
Gebet und Sang wird dargebracht.*

*Wie herrlich ferner sind die Stätten
Der Jugend Unterricht geweiht!
Auch Charitas hält, wohl vertreten,
„Spital" und „Krankenheim" bereit.*

*Und all' die Häuser sonst, gelegen In
Gärten schmuck und dufterfüllt, An
breiten, wohlgepflegten Wegen –
So zeigt sich Türkheim's Straßenbild.*

*Sind uns're „Berge" zwar nur Hügel,
Wird doch von ihnen aus geseh'n
Ein Panorama, dessen Flügel
Nach Osten weit und Westen geh'n*

*Siehst Du in reichem Blütenbette
Türkheim vor Dir von solcher Höh',*
*Und strahlt der Alpenzinnen Kette
Im Hintergrund, im Firnenschnee:*

*Dann hängt Dein Auge hochentzücket
An dieses Bildes Zauberpracht,
Und wahre Freude Dich beglücket,
daß Türkheim Du Besuch gemacht.*

aus: Bader, Adolf: Türkheim und seine
Umgebung, Türkheim 1902 (Selbstverlag)

 Adolf Bader wurde am 15. Mai 1852 in Türkheim geboren. Er war Inhaber eines Lebensmittel- und Gemischtwarengeschäftes mit Drogerie und Weinstube in der Maximilian-Philipp-Straße 1. Er starb am 6. November 1904 in Türkheim.

Adolf Bader wollte Türkheim zu einem Zentrum der Kneippkur machen, da im benachbarten Wörishofen Sebastian Kneipp wirkte, die Kurgäste dort jedoch nicht alle standesgemäß untergebracht werden konnten. Aus diesem Grunde brachte er auch im Selbstverlag einen „Führer durch Türkheim und seine Umgebung" heraus, welcher mit dem Gedicht „Willkommen" beginnt. Der Prospekt verkaufte sich allerdings recht schlecht und ein Großteil der Auflage wurde eingestampft. Bader ließ auch auf der Römerschanze einen „Pilz", einen Aussichtsplatz errichten. Von hier aus zeichnete er ein Panorama der Alpengipfel, welches ebenfalls in Baders Prospekt abgedruckt ist. Der Türkheimer Arzt und Dichter Anton Noder (A de Nora) schreibt in diesem Zusammenhang über Adolf Bader: „Ein biederer, zuvorkommender Bürger hat an der Stelle ... einen Holzschirm über einer Bank errichten lassen ... und in sehr viel Wochen und Monde oben gesessen... Er entwarf nämlich ein mühsam genaues Bild all der Berggipfel.

Literatur von Adolf Bader: Bader, Adolf: Türkheim und seine Umgebung, Türkheim 1902 (Selbstverlag)

Literatur zu Adolf Bader: Zum 100. Todesjahr von Georg Bader, in: Türkheimer Heimatblätter 28, 1997; Die Türkheimer Krippenindustrie, in: Türkheimer Heimatblätter 54, 2004; Epple, Alois: Krippen in Türkheim, Türkheim 2007

Georg Baur

„Gott segne das ehrbare Handwerk!"

*Willst Schmied- und Treibarbeit Du haben,
so geh' zum rheinlandfrohen Schwaben.
Für Kirche, Schule, Friedhof, Heim,
macht er in Eisen, Alu - fein -,
sowie in Messing und in Kupfer,
für Edelleut' und arme Hupfer,
für Bürgersmann, Prolet und Ritter,
manch' Türbeschläg' und Fenstergitter.
Auch Lampen, Kreuze, Blumenhalter, -
‚ne Augenweid' für jedes Alter - nach
eig'ner und gebrachter Skizze,
am Schraubstock und mit Feuers Hitze.
„Au bäschtlet nette Winsch' im Reim
für alle Zweck,
dr „Versleschmied" am Keltaweag, gar
fein und keck!"*

Eine Amtsgerichtsverhandlung in Türkheim

Vor dem Strafrichter stand der Angeklagte Sch. v. J., genannt „d'Dudl" (ein Trinkgefäß). Seine Straftaten bestanden aus Wildfrevel, verbotenem Fischen, Fangen von Fröschen und dergleichen. Der Richter geiselte mit scharfen Worten seine Taten, trotz wiederholten Strafen; besonders aber das Verhalten der Bevölkerung, die ihm immer wieder abkaufte, obwohl sie wusste, dass alles durch Unrecht erworben war und dass auch diese gehörig bestraft werden musste. Hierauf Dudls Antwort: „Ja, und das beste Geschäft mach ich mit Ihrer Frau." Großes Entsetzen bei dem Richter. (Mitgeteilt von Otto Drexel). Genannter d'Dudl kehrte sehr gern in der alten „Krone" in Türkheim ein. Das Wirtstöchterlein bat ihn wiederholt um einen Laubfrosch. Als er wieder einmal kam, beteuerte er: „Ja Mariele, ich hau nächt oin gfange und weiß gar it, waun'r über Nacht hikomme ischt." Kurze Zeit später bemerkte er, dass ihn der Stiefel drücke. Nachdem er denselben ausgezogen, kam der Laubfrosch ans Tageslicht, aber so, dass ihn das Mariele nicht mehr wollte. (Mitgeteilt von Maria Drexel.)

Der Haffa:
Dieser baute das Haus Stiegeler über der Wertachbrücke. Wenn der Bittgang am Kreuz-Montag nach Amberg geht, wird der Fußweg links der Straße benützt. Das war der Anreiz für Haffa zu folgender Tat: Vor dem Anwesen Assner war auf hoher Stange ein Windrädchen angebracht, das der frische Morgenwind lustig surren ließ. Auf dem Fußweg waren im Abstand von 10 – 15 m Pfählchen eingeschlagen, die etwa daumenlang aus dem Boden hervorragten. Alle Augenblicke stolperten die frommen Beter, welche das Windrädchen beschauten.
(Erzählt von Franz Xaver Adorno.)

Wenn der Bischof früher zur Firmung nach Türkheim kam, wurde er mittels „Landauer" die Ettringer Straße herauf gefahren. Auf dem Kirchturm wurde gelauert. Wenn der Wagen bei der Webermühle angekommen, wurde geläutet und dadurch die Ankunft des Bischofs verkündet. Die fromme Bevölkerung kniete am Straßenrand nieder, um den bischöflichen Wagen zu empfangen. Das war etwas für den Haffa: Er ließ sich in einem Landauer, vor Ankunft des Bischofs, die Straße herauf fahren, wobei er mit der Hand so gemächliche Bewegungen machte. Erst zu spät merkte man den Schwindel und Haffa wurde angezeigt. Auf Befragen warum

*und wieso entgegnete er: I hau ja alleweil mit
der Hand abgwunke, daß i's id bin.
(Erzählt von Franz Xaver Adorno.)*

Der Saliter:

*Dieser bewohnte die jetzige Webermühle.
Wahrscheinlich wird bei dem Besitzer das Geld
nicht im Überfluss vorhanden gewesen sein. Als
eines Tages ein heftiges Gewitter heraufzog,
begab er sich in die Wirtschaft Pöpperl [Adler].
Als nach dem Blitzstrahl ein heftiger Donner
folgte, rief der Saliter: Herrgott, jetzt haut der
Blitz gwiß in mei Mühla eigschlaga!" Die Mühle
brannte tatsächlich ab, aber der Blitz war nicht
schuld, sondern ein vorher bereitetes Feuerlein.
Die Mühle wurde seitdem lange Zeit
d'Blitzmühle genannt.
(Erzählt von Franz Xaver Adorno.)*

*Bei einem der starken Winde, die in Türkheim
nicht selten sind, wurde eine Prozession nach dem
Weiler Berg veranstaltet. Die Himmelträger hatten
alle Mühe, gegen den Wind anzukämpfen und
Schaden zu verhüten. Dieses veranlasste einen
Türkheimer auszurufen. „Der ganz' Himmel gaut
zum Teufel!" (Mitgeteilt von
Maria Drexel.)*

Der Postbote Dodel:

*Früher musste der Postbote von Türkheim nach Amberg, Ettringen, Siebnach, am andern Tag nach Tussenhausen, Unter- und Oberrammingen und Kirchdorf. Der Gang begann manchmal in der Früh um 3 Uhr bei jedem Wetter. Manchmal bekam der Postbote Ablösung, aber wahrscheinlich nicht oft. Dodel wurde schwer rheumaleidend und ist anfangs dieses Jahrhunderts gestorben. Er war geborener Altbaier, sein kleines Fraule war geboren in Altomünster. Trotzdem Dodel so einen schweren Dienst hatte, war er ein frohsinniger Mensch: An einem Freitag war er eben fertig mit seinem Gang und in Ettringen in der Wirtschaft Spiegler eingekehrt. Es war ein schreckliches Sudelwetter. Als er die Wirtschaft betrat, rief er voll Staunen aus: „Ja, Josef, bischt du no dau, i hab gemoint, du bischt scho lang z'Türkheim doba." Der Wirt: „Ja, warum soll i scho Türckhe doba sei?" Dodel: „Ja dei Schwiegervater isch doch g'storben." Der Wirt: „Dös hau i id gwißt – Eispanna! – Kaschd glei mitfahra." Als das Gespann bis zur Kirche in Türkheim kam, sagte Dodel: „Also, Vergelt's Gott, Josef; Die Schwiegervater kommt grad beim Hof raus."
Es war der erste April.
(Der Schwiegervater war der alte Zeche Häusler Singer.)*

Im Haus von Malermeister Linder wohnte Ende des vorigen Jahrhunderts ein alter Mann, Christian, der arg vom Zipperle geplagt war. Wenn es ganz arg war, konnte er keinen Menschen bei sich sehen und jagte jeden mit Fluchen und Schimpfen hinaus. So kam auch einmal dr Dodel auf seinem Dienstgang zu ihm und erkundigte sich teilnehmend nach seinem Befinden. Mit zornigen Worten und schwäbischen Kraftausdrücken wurde ihm gedankt und der Dodel sann auf Rache: Der erste Gang zum Kronenwirt: „Du Anton, geh zum Christian num, er isch id guad beinandr, er will dir was anvertrauen, etwa in ra Vietelstund." Hierauf zum Vögeleböck: „Du Domine u.s.w. vielleicht in ra Stund." – Und noch bei zwei oder drei angesehenen Männern hat er das wiederholt! Das war die Rache des Josef Anton Dodel.
(Erzählt von Franz Xaver Adorno.)

Georg Baur, Juni 1913, in Köln vor dem Kolpingdenkmal

Georg Baur, geb. 1894, war beim „Kläsla" das neunte von 14 Kindern. Nach sieben Jahren Volks- und drei Jahren Sonntagsschule machte er eine Schlosserlehre. Mit 16 Jahren legte er seine Gesellenprüfung als Bau- und Kunstschlosser ab und arbeitete in Wörishofen, St. Ottilien und München. Dort besuchte er auch die Gewerbeschule, kam in

Kontakt mit dem katholischen Gesellenverein und lernte den Priester und Dichter Peter Dörfler kennen. Danach ging er auf sechswöchige Wanderschaft durch Deutschland und die Schweiz. Im Ersten Weltkrieg war er als Soldat in Frankreich. 1917 kam Georg Baur an ein Stahlwerk in Willich bei Krefeld. Dort lernte er seine Frau kennen, die ihm 13 Kinder gebar. 1941 zog er nach Türkheim und arbeitete auf dem Flugplatz in Wörishofen. 1948 machte er sich selbständig. Seine Werkstatt und sein Wohnhaus war im Keltenweg. Georg Baur starb 1973.

Georg Baur war der einzige Mitarbeiter von Hans Ruf beim Aufbau des Türkheimer Heimatmuseums. Er dichtete gern „Versla", zum Fasching oder zu besonderen Anlässen. Deshalb nannte er sich auch gerne „Verslaschmied"

Literatur von Georg Baur: Erinnerung an Einzug und Weihe der Glocken in Türkheim, Nov. 1947, hrsg. von Georg Baur. Literatur zu Georg Baur: Epple, Alois: Georg Baur, Schlosser und Poet dazu, in: Türkheimer Heimatblätter Nr. 78, 2011

Joseph Bernhart

Zwischa Felsawänd und Tanna
Schtand i hoili, ganz alloi.
Aus d'r Schlucht, aus Herrgotts Kanna
Schießt a Bächla übern Schtoi –
Schieaßt im Zoara, lärmat mächtig
Und in oim fut in da See.
Aber dear leit still und prächteg,
Und dr Himml isch ganz näh.
Ohna Schnaufer schtand und spinn i
Nawärts in dös Wasserg'schpiel:
Ruah und U'ruah – Seel, da bsinn di –
Hat oin Herra, hat oi Ziel.

aus: Biera ond Zelta

Ave Fraue all mein Leben weißt du Hab
ich dir geglaubt, nichts in diesen
argen Tagen hat dein Bildnis mir geraubt
der in menschenvollen Gassen leise deinen
Namen sprach und vom schönsten
Rosenstrauche
dir die erste Blüte brach
der am Marmor deines Altars
sich die Wange oft gekühlt und
im ////////[1] deine
Schmerzen nachgefühlt.
Schwerer kam ich nie beladen
nie den Weg zu dir ich fand
als in dieser heißen Stunde, wo ich fasse deine
Hand.
Sei's genug ich will nicht klagen
Nur in deinen Augen ruhen
deine wundervolle Güte
wird an mir das Rechte tun
ob befreit ich von dir gehe ob
beladen wie ich kam
Immer will ich an dich glauben
immer hast du gut getan.

aus dem Privatarchiv von Elmar Fiederer

---

[1] Unleserliche Handschrift

[Das Wegkreuz][2]

Rastlos wandernden Fußes,
Entstieg ich dem grünenden Tale

Hoch hinauf, wo Christus am hölzernen Male
Die Bande bewältigt.

Achtlos streift ich den Pfahl
Auf fremde Himmel sinnend

Bis mit einemmal barhaupt ich stehe –
Du der Du vergeben jedem Feind
Du bis es doch den meine Seele meint.

Edenhauserweg, beim Kreuz bei
Ursberg (Bernhart) August [19]*12.*

aus dem Privatarchiv von Elmar Fiederer

---

[2] In den 1950er Jahren weilte Joseph Bernhart in Thannhausen und wanderte mit Klothilde Fiederer nach Ursberg und zu einem Kreuz am Edenhauser Weg, wo Jahre zuvor dieses Gedicht entstanden war. Frau Fiederer bat Bernhard um eine Abschrift dieses Gedichtes. Diese Abschrift lag uns hier vor.

Aphorismen

Gut werden ist der einzig sichere Weg zur Wahrheit.

Erkennen und Lieben durchdringen einander, und in beiden zugleich steckt eine Art von Sterben.

Das Wissen, das man hat, wird Bildung erst durch das, was man ist.

Hast du die Liebe nicht, um das Werk zu tun, so tue das Werk und die Liebe folgt nach.

Was unser Her hinüber sendet ins Land der Toten, ist uns wie ihnen zum Segen.
Einsamkeit oder Getümmel – der Weise bringt Weisheit heim aus beiden.

Der Mensch ist da, um die Ordnung der Dinge zu erkennen und sich selbst in Ordnung zu bringen.

Nur zur Liebe tritt die Liebe ein, zur Wahrheit die Wahrheit und zum guten Willen die Gnade.
Das Dasein als Gnade empfinden, täglich neu empfangen, - darauf kommt alles an.

Religion beginnt im Ernste doch erst dort, wo aller Grund vorhanden scheint, sie aufzugeben.
Man kann Gott nicht denken, aber man kann ihn lieben.

Was den Zeiten nottut, ist das Unzeitgemäße. Wieviel Kultur, ja Menschenadel braucht es, um nicht Schaden zu nehmen von der Zivilisation.

Introitus

*Es konnte mich nicht wundern, daß alles
Lebendige im Wald vor mir von dannen stob.
Raben, Häher, Wildtauben schreckten auf und
flohen, nur der dreiste Fuchs, der hundert
Schritte weiter den Weg überquerte, stand einen
Augenblick und sah betroffen auf mich her, dann
nahm auch er reißaus vor dem absonderlichen
Fremdling, der ich war. Ja, der herbstlich stille
Wald hatte meinesgleichen nicht gesehen: einen
Wanderer, so festlich schwarz in Zylinder, Rock
und Handschuh – man hätte an ein Begräbnis
denken mögen, wenn er nicht mit frohgemutem
Pfeifen, den Festhut tief im Nacken, seinen Pfad
geschlendert wäre. Er hatte wohl am Morgen,
als er auf Haldenhöhe den letzten Gruß ins
väterliche Tal hinabsandte, seine Jugendzeit
begraben, denn heute führte ihn, der laut Papier
in seiner Tasche Kaplan geworden war, der Weg
ans Tagewerk des Mannes, aber der frohe Schall
der Ehrenwochen, all das selige Hosannah, das
ihn in seinen hohen Stand begleitet hatte,
erfüllten ihm den Sinn noch immer. Wie waren
sie vor ihm gekniet, um seinen Neulingssegen zu
empfangen, wie waren die Massen aus allen
Tälern seiner Heimat zugeströmt, um mit ihm
zu feiern, wie hatten die Wimpel an dem hohen
Ehrenbaum, dem man ihm aufgerichtet,*

*verheißungsvoll im Wind geknattert! Der stolze
Mast freilich war schon in der Nacht nach
seinem Fest im Sturm zerbrochen und gefallen,
doch die Ahnungen des Aberglaubens, die durch
die Menge raunten, waren in der Seligkeit des
Herzens bald vergangen. Nun streifte er leichten
Mutes durch die Tannen hin, der Staudengegend
zu, dem Dorfe M., das ihm der Bischof als
Beginn seines Laufes angewiesen.*

aus: Der Kaplan, Weißenhorn 1986

Joseph Bernhart wurde 1881 in Ursberg geboren. Er studierte in München und Würzburg Philosophie und Theologie, promovierte und wurde Priester. Nachdem er geheiratet hatte wurde er nach einem langen Prozess laisiert. Er lebte als freier Schriftsteller, wurde Honorarprofessor an der Universität München. Bernhart starb 1969 in Türkheim.

Bernharts schriftstellerisches Werk umfasst vor allem religionsphilosopische Themen. Gedichte und Kurzerzählungen sind eher Nebenprodukte, teils aus finanzieller Notwendigkeit heraus geschrieben.

Literatur über Joseph Bernhart(Auswahl):
Der Kaplan, 1919; Die philosphische Mystik des Mittelalters, 1922, neu 2000; Der Vatikan als Thron der Welt , 1930; De profundis, 1935; Bonifatius, Apostel der Deutschen, 1950; Chaos und Dämonie ,1950, neu 1988; Die unbeweinte Kreatur 1961; Tragik im Weltlauf, 1990; ´

Literatur über Joseph Bernhart (Auswahl) : Weitlauff, Manfred u.a. (Hrsg.): Joseph Bernhart, Publikation der Akademie der Diözese Rottenburg-Stuttgart), 1995; Weitlauff, Manfred: Joseph Bernhart ein schwäbischer Denker und Dichter, in. Joseph Bernhart, Publikation der kath. Akademie Augsburg, 2000 (hier weitere Literaturhinweise)

Martin Eberle

Wieder Lehrer

Meine 2. Lehramtsprüfung, das sogenannte Staatsexamen, hätte ich im Oktober 1939 ablegen müssen. Ich hatte damals schwere Bedenken, weil ich mich ja überhaupt nicht vorbereitete. Die Ahnung eines kommenden Krieges breitete sich schon im Bewußsein aus.

Ich mußte also jetzt nach elf Jahren die Lehrerfortbildungstage wieder besuchen, mußte sogar in der 8. Volksschulklasse in Türkheim eine Lektion halten. Das Thema lautete

„Eisenbahn oder Autobahn, wer wird Sieger bleiben". Die Fortbildungsleiterin damals war eine Klosterfrau.

Im Frühjahr 1951 übernahm ich die erste Knabenvolksschulklasse in Türkheim. (Diese Klasse feierte heuer mit großem Pomp und Aufwand ihr Klassentreffen zum 50. Geburtstag. Ich war auch eingeladen und blieb bis in die Morgenstunden.)

13 lange Jahre bin ich vorher nur mit erwachsenen Männern umgegangen und jetzt sollte ich mich mit diesen kleinen „Zwuzel" abgeben. Ich schämte mich, wenn ich mit diesen durch die Straßen von Türkheim wanderte. Am 16. Mai 1951 ernannten sie mich zum

*stellvertretenden Schulleiter und im Oktober 1951
legte ich in Memmingen die 2. Lehramtsprüfung
ab. Schade, daß ich damals bei der mündlichen
Prüfung nicht drauf kam, was die Prüfer von mir
auf die Frage, was das Schwierigste in der
Erziehung sei, hören wollten.
Ich hätte antworten sollen; die „Konsequenz".
Das hätte die Note um mindestsens ein Grad
verbessert.
Im Januar 1952 wurde ich dann Beamter auf
Lebenszeit. Damit war meine berufliche Laufbahn bis zur Pensionierung im Jahre 1977
festgelegt.*

Hausbau

*Vor dem Zweiten Weltkrieg war es Gesetz, daß
eine Schulgemeinde einem verheirateten Lehrer
eine Lehrerwohnung zur Verfügung stellen
mußte und einer Lehrerin beziehungsweise
einem Aushilfslehrer so etwas wie ein
Appartement. Während ich noch in Gefangenschaft schmachtete, mußte Berta von ihrer
Wohnung zwei Zimmer abtreten und man
machte ihr Vorhaltungen, daß sie die
Lehrerwohnung zu Unrecht inne hätte, da ich*

doch nicht an der Schule tätig sei. Dies war die Initialzündung ihres Wunsches auf ein Eigenheim. Es gab damals zwei Baufirmen in Türkheim. Die Firma Sauter kutschierte uns mit dem Auto umher und zeigte uns ihre diversen Bauplätze. Berta war mit allen unzufrieden. Als dann die Firma Maier im Süden von Türkheim (Tirolerweg) eine Wiese kaufte und diese zu Bauplätzen umfunktionierte, griff sie mit Freuden zu. Dieser Platz war ein Volltreffer und ist es bis heute geblieben. Mit ihrem angeborenen Instinkt tat sie das Richtige. Bei ihren Söhnen aber ließ sie ihr Instinkt später im Stich.

Das Wichtigste war vorerst die Finanzierung des Baues. Das Geld aus dem Verkauf der landwirtschaftlichen Maschinen, der Kühe und der Pferde, der 1938 wegen der Erblindung von Vater Sirch notwendig wurde, war durch die Währungsreform 1948 wertlos geworden [...] Kaufmännisch geschulte Menschen wie z.B. mein Nachbar Landherr erwarben bei Ausbruch und während des Zweiten Weltkrieges Immobilien. Diese verkaufte er in den 50er Jahren und baute sich eine moderne Villa. Das Obrigkeitsdenken und die Staatsgläubigkeit haben von der einfachen ländlichen Bevölkerung große Opfer gefordert. Die Ärmsten haben während dieser Kirege am meisten geopfert, an Geld und Gut und Leben. „Denk es, oh

Deutschland, daß dein ärmster Sohn auch dein Treuester war". […]

Ich mußte also in Bronnen Grundstücke verkaufen, um den Bau zu finanzieren. Die Nachfrage war zunächst gut. Doch dann wollten sie die Preise drücken, weil sie sich sagten, der muß verkaufen, wenn er das Haus fertig stellen will. Ich ließ in Bronnen verbreiten, daß ich von anderer Stelle Geld bekommen hätte und nichts mehr verkaufe. Dann kamen sie vereinzelt abends an und zahlten den üblichen Preis. Der ganze Bau kostete damals offiziell 18.000 DM.. Mit Eigenleistung und Nachbarschaftshilfe 23.000 DM. Der Landwirt Specht, der damals in der Ramminger Straße unser Nachbar war und die Baugrube aushub, hat heute noch das Photo, wie er mit seinem Sohn mit Pferd und Wagen und Spaten in der Baugrube steht. 1950 gab es in Türkheim noch keinen Schaufelbagger. Das war alles noch solide Handarbeit. Auch der Beton wurde von Hand gefertigt. Auf einem Betonblech wurde der Kies mit Zement bestreut und von zwei Männern mit Schaufeln so oft gewendet, bis sich Zement und Kies restlos vermischten. Mit einem Gießer wurde während des Umschaufelns das Wasser darüber gespritzt und mit Schubkarren dann der fertige Beton in die Verschalung gekippt. Dies alles ist heute kaum mehr vorstellbar. Die Decken zum

Obergeschoß und Dachgeschoß wurden damals aus Balkenlagern und Brettern gemacht. Den Hohlraum, den sogenannten Fehlboden, füllte ich mit Riesel aus, den ich vorher über einem Feuer trocknete, und mit Eimern hochtrug. Das Haus hat bis heute gehalten und macht bis heute Freude. Selbstverständlich wurde inzwischen manches modernisiert. Die Ofenheizung mit Holz und Kohlen z.B. wurde umgestellt auf Zentralheizung. In jedem Schlafzimmer ist jetzt laufendes Wasser, kalt und warm. Zwei Bäder wurden eingebaut, eines für die Dame und eines für den Herrn. Das hatte aber einen besonderen Grund. Als ich meinen Pudel Jockel in der Wanne badete, lehnte es die Dame des Hauses ab, darin noch mal ein Bad zu nehmen. Sie bestand auf einem eigenen Bad und eigener Toilette. Dies und vieles andere wurde im Laufe der Jahre ergänzt.

aus"Eberle, Martin: Mein Leben zwischen den beiden Weltkriegen – Erinnerungen eines schwäbischen Dorfjungen, Türkheim 1998

 Martin Eberle wurde in Tussenhausen geboren. Sein Vater viel 1917 in Flandern. Seine Mutter heiratete nochmals. Nach der 7. Klasse kam er zu den Maristen nach Mindelheim, 1931 dann ans Lehrerseminar nach Lauingen. Mit 22 Jahren heiratete er Berta Sirch. Er machte den ganzen Krieg als Soldat mit, geriet in russische Kriegsgefangen-schaft, aus der er erst 1950 heim kehrte, dann Lehrer in Türkheim. 2002 gestorben.

Literatur von Martin Eberle: Mein Leben zwischen den beiden Weltkriegen – Erinnerungen eines schwäbischen Dorfjungen, Türkheim 1998

Alfred Eckert

Nur ein bisschen mehr Zeit

Nur ein bisschen mehr Zeit, um warten zu können
statt rücksichtslos drängen, statt nehmen zu geben, einander verstehen
überall auf der Welt.

Nur ein bisschen mehr Zeit, um darauf zu hören,
dass wir nicht zerstören, was blüht und gedeiht und was uns erfreut, überall auf der Welt.

Nur ein bisschen mehr Zeit, um schauen zu können, statt hasten und rennen. Um Freundschaft zu pflegen, um gemeinsam zu gehen, überall auf der Welt.

Nur ein bisschen mehr Zeit, um trösten zu können
in Angst und in Nöten, dass die Dunkelheit weicht und das Licht uns erreicht überall auf der Welt.

Ein Mensch von nebenan

*Die Stadt löscht ihre Lichter
aus, denn es beginnt zu tagen.
Für dich ist dieser neue Tag*

*ein Tag mit Licht und Schatten.
Du hörst die erste Straßenbahn
und in die Stadt kommt Leben.*

*Du trinkst noch deinen Kaffee
aus dann ist es Zeit zum gehen.*

*Doch nebenan, da wohnt ein Mensch,
der nicht so leben kann wie du.*

*Der deine Worte von den Lippen
liest, weil er nicht hören kann wie du.*

*Für den der Tag ist wie die Nacht,
weil er nicht sehen kann wie du.
Der nicht dein Mitleid haben will
nicht deinen schiefen Blick,*

*der nur sein Leben meistern
will, als Mensch wie du und ich!*

*Du gehst zur Arbeit wie gewohnt
und willst im Leben was erreichen.
Auch deine Zukunft ist im Spiel du
stellst dafür die Weichen.*

*Du trachtest nach dem großen Los
nach einem Leben ohne Sorgen. Du
siehst das Leben voller Blüten und
nicht den Strauch mit Dornen.*

Doch nebenan, da wohnt ein Mensch,
der nicht so leben kann wie du.

Der deine Schritte auf der Treppe
kennt, doch nicht so gehen kann wie du.

Der nicht das Rad des Lebens
lenkt, der keine Hände hat wie du.

Der nicht dein Mitleid haben
will nicht deinen schiefen Blick,

der nur sein Leben meistern
will, als Mensch wie du und ich!

Neigt der Tag sich seinem Ende zu,
dann hast du deine Pflicht getan.

Du triffst dich dann zur
Abendstunde im Lokal von nebenan.

Bei einem Glas voll edlem Wein
geniesst du Glück und Freude.
Doch wie es oft im Leben ist,
vielleicht hast du's nur heute!

Denk an den Menschen von nebenan,
der nicht so leben kann wie du.

Der vom Schicksal hart getroffen,
der aber Freude braucht wie du.
Der niemals seinen Mut verliert,
wenn du ihm sagst, er ist wie du.
Und der kein Mitleid will von
dir, nicht deinen schiefen Blick,

der nur sein Leben meistern
will, als Mensch wie du und ich!

Warum ?

*Menschen haben viele Fragen weil
man manches nicht versteht; und
immer wird es Fragen geben, weil
die Welt nicht stille steht.*

*Warum müssen Menschen hungern
wo doch soviel Überfluß?
Besser wäre zu verteilen,*

*dass man nicht vernichten muss
Warum sind denn bei den Vökern
die einen arm, die anderen reich?
Gott erschuf doch alle Menschen
und vor ihm sind alle gleich.
Warum muß man Kriege führen
wo die Erde doch so groß?*

*Statt die Hände sich zu reichen
schießt man aufeinander los.
Warum müssen Menschen fliehen
ertragen dieses bitt're Los?*

*Statt den Frieden zu erleben
werden sie dann heimatlos. Warum
können denn die Menschen die
nicht gleicher Rasse sind*

*nicht bald lernen zu begreifen,
dass wir alle Bürder sind?
Warum wollen wir nicht achten,
dass die Natur erhalten bleibt,
dass wir uns darauf besinnen*

dafür ist es höchste Zeit.
Lassen wir doch Einsicht walten,
dass man die Schöpfung nicht
zerstört, dass wir alles so gestalten
wie es uns der Herrgott lehrt.

Alfred Eckert wurde 1925 in Wiedergeltingen geboren. Nach der Schule absolvierte er eine Lehre in der Sparkasse Türkheim und war dann im Krieg in Frankreich. Nach dem Krieg war er Buchhalter bei der Firma „Salamander". bis 1992. Eckert schrieb Gedichte für spezielle Anlässe und für Klaus Ammann, der sie vertonte.

Literatur von Alfred Eckert: Türkheimer Heimatblätter Nr. 83

Hubert Eichheim

… Noch etwas hob die Bewohner der Wörishofer Staße [in Türkheim] ab, sie trugen meistens einen Titel vor dem Namen. Apotheker Dettendorfer, Professor Drexel, Kommerzienrat und Dr. Albrecht, Dr. Bernhart, Professor Deppisch, Inspektor Drexel, Doktor Eichheim, und später Notar Eidloth. Diese Titel führten jeweils auch die Frauen, selbst wenn ihnen jedes Wissen abging, wie und mit welchen Kenntnissen der Gemahl sich seinerzeit den Titel erworben hatte und wie er dann in dem jeweiligen Beruf zur Wirkung kam. Auch wenn die Männer längst tot und vergessen waren, ließen sich die Damen noch mit Frau Professor oder Frau Inspektor ansprechen und putzten regelmäßig das Messingschild an der Haustür, das von der gesellschaftlichen Hervorhebung kündete. Türkheim war bis in die dreißiger Jahre hinein ein Verwaltungsstandort. Es gab ein Amtsgericht, ein Finanzamt, ein Notariat und sogar ein kleines Gefängnis. Auch eine Polizeistation mit mehreren Gendarmen war dort ansässig. Alle dieseBeamten trugen einen Titel. Man nannte ihre Namen immer nur zusammen mit der Berufsbezeichnung, so hatte es eine gewisse Logik, dass ihre Witwen neben dem materiellen Erbe auch den Titel behielten.

*Vielfach wurde dann auch der Name weggelassen.
Auf diese Weise gab es in Türkheim diese
Titelfrauen wie die Frau Kommerzienrat, Frau
Ökonomierat, Frau Inspektor und Frau Justizrat.
Letztere war unsere Großmutter und wurde von
uns zur Unterscheidung Justizrat Oma genannt.
Diese Damen hatten wenig mit dem Rest der
Bevölkerung gemein, so hoben sie sich in Sprache,
Kleidung und Benehmen deutlich von den anderen
Frauen des Ortes ab.*
(aus: Endmoräne)

Hubert Eichheim ist 1934 in Türkheim geboren. Abitur, Lehramtsstudium und Schauspielschule. Ab 1967 am Goethe-Institut in Kairo, Tripoli, Peking, Shanghai, Paris, Athen. Lebt seit 1998 überwiegend in Griechenland.

Literatur von Hubert Eichheim: Griechenland, München 1999; Endmoräne, Norderstedt 2015

Alois Epple

Politischer Hoigata

En dr Stuba, neabm Ofa sitzad zwei so alda Ma,
schnupfed, huschded, raunzed,
drialad ond sinierad vor si na.

Auf oimaul fangd ma's reda
a: D´r easchd sed „hoi",
d´r zweid sed „aha".
„Hm?" sed d´r oi,
d´r andr „ha?"
„M-m", d´r Ältr bedächtig nickd, „ja-
ja", d´r Jengr mit energischem Blick

Dau schreit plötzlich d´r oi ganz laut „oho!" D´r
andr gibt scharf naus mit ma „so-so!"

Dann sed d´r easchd mea vrleaga „aha" Ond
d´r zweid langsam endgegnet „na-na!", D´r
oi Ma sed „hoi",
d´r ald Ma sed „ha",
d´r Jengr „i moi", d´r
and´r „a-a".

Dau wead auf oimaul d'Falla aufgrissa,
,s Weib steckd da Grend rom ond moid
ganz vrbisse:
„A Ruah isch iazd, des sa i ui fei,
heared endlich auf mit der bluads Politisierarei!"

Die Freude, ein Schwabe zu sein

*Wenn ma mi fraugat, ob i mi
frai, dass i a Schwaub ben,
dann sag i: "Ja mei,*

*friaher war m´r des gar id rechd,
mid dem saudomma Dialekt.*
Hau i mi id rechd ausdrucka kenna,

*em Aufsatz auf die hochdeudsch
Schbrauch miassa bsenna;*

*Id so orginell sei kenna, wia eisra
bairischa Nauchbaura,
dia bloß blattla, jodla, saufa und hausa;*

*koi Politikr id wera kenna, koi Soldat aus
Eisa, wie d'Berlinr, d'Hamburger, d'Hessa –
halt Preisa;*

Zur Amore nix dauga , wia d'Italienr,

*nix vo dr Musik vrstau, wia bsondrs d'Weanr;
koin Harem mit em haufa Weibr id hau,*

*id amaul des tschentlmenlaik vo da Engländr
däd mr schdau;*

*koi wie way of life, wia d'Amerikanr, koin freia
Sex wia d'Schweda hammr,*

*ond id amaul en Stierkampf, wie d'Spanier!"
Doch – wenn, weil i a Schwaub be, ma mi ärgra
duad,*
ond i be dann grad so richdig en Wuat,

*dann kommt mr's, wia schea's isch als
Schwaub zom leaba: -
viel scheanr als a Preis, oder d'Schweda.*

*Isch oi Weib scha gnua, was soll i mid
mehr, hosch mid der scha koi Ruah,
weaschd mit der sch id kräa.*

*Ond wia Amore anstrengend sein
ka, wie´ß iazd allmählich au jedr Ma;
die täglich Sauferei duad dr. Leabr id guad,*

*a englischr Tschentlmen kommt au manchmaul
en Wuat.*
*D´r Stierkampf isch a Tierquälerei,
ond a bißla Zivilisation soll bei eis doch no sei.*

*Des „Weanr Bluad", wo ma so glückselig sei
muaß, -*

*Vom amerikanische „wey" haut dia ganz
Welt scha bald gnua.*

Vielleicht ham'r au id viel Kultur,

*als wia grad da Hegel, da Schiller – dia miasd
jedr ja kenna –*
en Fuggr, en Brecht, om a bar bloß zom nenna!

*Weam des id reichd, dau ischs allweil vrloara,
für dean freilig isch guad, daß'r koi Schwaub
isch gwora.*

Stress

Gschresd isch heit alls, was grad a so gibt:

Gschdresd isch dr Baur auf'm Mischd,
gschdresd isch dr Schialr, wia ma weiß,
gschdresd isch dr Bayr ond dr Preis,
gschdresd send d'Roggr ond Terrorischda,
gschdresd send Politikr ond Polizischda.

D'Amerikanr hand weagm Schdres en
Kriag vrloara,
aus Schdres wearad koina Kendr me geboara.
Dr Schdres hält d'Leit vom Orgasmus ab,
weagm Schdres kommd ma friahnr ens Grab.

No durch duzed Beischbil kennd ma's belega,
doch – wenn ma fraugd, was hülfd dau drgega?

I bi zwar koi Dokdr, doch soll i sui sage?

D'Medizin drgega isch koi Safd fir en Maga.
Dia beschd Medizin isch dau – wissad'r was?
Öfdr zom saga – „gang, leck mi …!"

So leabed mir!

A bißala em Schloddr romriara,
a bißala omanandr driala!
A bißala oim d'Moinung saga,

a bißala em andra da Grend
vrschlaga, a bißala a Mentsch busiera,

a bißala s'Leaba studiera,
a bißala a Reischla hau, a
bißala auf d'Seida gau,

a bißala oim s'Veidala dreiba,
a bißala laß d'Zeit verdreiba, a
bißala dir Hoffnong geaba,
a bißla hosch dann no für's Leaba.

So luaged d'Leit bei eis aus
oder
Vier der Sieben Schwaben

Knöpflaschwaub

Dr ganz Kerl isch oi Wamba
bloß, Neizwengt en a enga Hos.

Des kommd vom viela Suppa essa,
Vom Knöpfla ond vom Spätzla
fressa. Eifältig – abr id grad vrruckd,
a bisla sinniera ond arg vrdruckd.

Sosch isch'r scha recht, ma muaß n blos
kenna, er duad halt amaul a bissela spenna.

Blitzschwaub

A Lätscha wia en Fuaßabstreifr,

en Duschd grad wia a Schearaschleifr, a
Waza auf dr Nesa doba.
Er duad sie gera selbr loba

ond liaga ond a weng aufschneida,
'm andra all da Vortl neida.

Ond wenn'r schempfd, dau gauts grad raus,
so luaged Fuggers Nauchkomma aus.

Spiegelschwaub

Aus Angschd vorm Weib s'Hemmed verschissa,
dr letzd Futz haud' m d'Hosa vrrissa.
Hoila maula wia si's ghert,

ond laut schempfa, wenn's neamad heat.
Soscht scheiß freindlich ond alled zruckstau
en Astand haud'r, des muaß ma'm lau.

Dr Allgäuer

S'Fiedla voll vo Hemorida, koi
bissla Astand, koina Sitta.

En Kropf em Gsicht, ma maas id
glauba, a rota Nes vom viela saufa.

Sosch kräftig ond grad nauf gwachsa
Mit groaßa Fiaß ond feschta Haxa.
So luaget d'Leit em Allgäu aus,
so kennt ma's aus da Biachr raus.

A mach doch koina
Sprich oder
Schwäbische Frustrationen

Ein Heimatabend ist ebbes
Wo a Preis moint: „typisch bairisch"
Ond wo i moin: „für d'Preisa duads scha!"

Heimat isch dau,
wo di am meischda ärgrschd
wenn em Blättla d'Lokalnachrichda lischd!

Seit i nemma ka
Wüll i nemma!

Bei da Wirdabergr
Hearsch Gescheidheit scho vo weitm.

Em Festzelt schreischd gegen
Fünf Mann Blausmusik ond 10 Verstärker a.
Aber gmidlich isch's halt.

Dau sollsch koin Durchfall kriaga,
wenn si d'Weibr so a Zuig ens Gsicht
neischmiered.

Wenn sa lached
Bläddred ihr Butz ra.

Vo weitm hau i gmoid du bischd nix,
ond iazd, wenn´d dau bisch, isch´s doch so.

Seit dr letzte Spiesr en Bart
haut, staut mir meinr nemma.

Gscheid sei ond domm stella,
solcha semmr scha rechd.
Domm sei ond gscheid doa,
solcha semmr grad rechd.

Je demmr a Schwaub luaged,
om so gscheidr isch'r

D'Schwiegrmuatr däd ja no
gau, wenn na s'Weib id wär!

Nauch'm Vornama hausch friahnr gwißd,
wo ma herkommd und wia
d'Verwandschaft heißt.

Heit waisch blos no, ob d'Muatr
eingebildet oder dr Vatr a Sportfan isch.

Nauch ma halba Jauhr fühlen sie sich
ganz einheimisch,

ond nauchma Jauhr frauged sa oin, ob ma au
a Einheimischer isch.

 Alois Epple wurde 1950 in Türkheim geboren. Zu Ende seines Studiums in München schrieb ihm Peter Bradatsch in sein erste Gedichtbändchen: „Meinem allerersten Fan und Freund Alois". Dies brachte ihn auf den Gedanken, auch

„Gedichtla" zu schreiben. Einige davon wurden sofort von Robert Nägele im BR gesendet.

Epple ist als Geschäftsführer der Joseph-Bernhart-Gesellschaft mit der heimischen Literatur verbunden geblieben, allerdings schreibt er nur noch sporadisch „Versla" und „Geschichtla".

Literatur von Alois Epple: Die Freude ein Schwabe zu sein, Türkheim 1977; Krippenszenen, Türkheim 1978; Politischer Hoigata, in: So schwätzet mir, Augsburg 1988 (Gedichte von Alois Epple wurden im BR in der Reihe „Bayerisch Herz – Ausgabe Schwaben" gesendet.

Siegfried Hasler

Ode an die Heimat

Was weiß die Frucht von ihrem Samen?
Was wissen wir woher wir kamen?
Die Wurzeln, in Vergangenheit begraben,
nur ein Schimmer, ohne Farben

Doch nach und nach da läßt das
Mühen Die Erinnerung erblühen.
Da werden wach die Kindheitsträume;
Da schlagen aus des Lebens Bäume.

Jeder Stein ein Stück Geschicht',
jedes Wort wie ein Gedicht,
jeder Strauch erzählt von vielen
ausgelassenen Kinderspielen.

Wurzeln, in der Erde fest gebunden,
treiben aus, nach dem Erkunden, viele
Äste der Verbundenheit
als Stützen aus der Jugendzeit.

Sie geben Halt in unserem Streben,
sie sind die Pfeiler in dem Leben, sie
geben uns die große Kraft
die dann Zufriedenheit verschafft.

Wo sind die Jahre?

*Wo sind die Jahre, wo die Stunden, die
kindlich-fröhlich, hell-glückselig, den
bunten Jugendstrauß gebunden?*

*Wo sind die Freunde, wo die Spielgefährten,
die ständig neu, tapfer und treu,
sie als untrennbar erklärten?*

*Wo sind die Mädchen, die jungen Geliebten,
die spielend-gurrend, nie böse und murrend,
neckisch mit ihren Rundungen wippten?*

*Wo ist die Sorglosigkeit, wo das Erlebnis,
das Neue und Tolle, das Üppige und
Volle, das große Ergebnis?*

*Die Pläne von einst, sie sind zerstoben,
vergessen, verdrängt, begraben, versenkt,
mit dem Netz der Zeit eingewoben.*

*Und doch, so glaub' ich ohne Traurigkeit,
fest entschlossen, mutig, unverdrossen,
vergangen, doch nicht vergebens die Zeit.*

Sie gab das Rüstzeug für das Leben,

*das hart, manchmal brutal, irrsinig-fatal,
uns allein stellt in täglichen Streben.
Das Sprühen der fröhlichen Jugend,*

*gibt Mut und den Saft, den Schwung und
die Kraft,
das Erkennen der wahrhaften Tugend.*

Wenn i'an Tafellappa hätt'

*In d'r erschta Klaß', dau wars no nett,
i hau an Tafellappa g'hett.*

*Mit dem war weg der gröaßte Mischt,
oft schneller, als er entstanda ischt.*

*Später war's schoa bisla schwerer,
hauscht doa an groaßa lauta Plärer,*

*dann hand's di glei beim Wort fescht g'naglat,
d'Kritik auf di massiv na g'haglat.*

*Mei, des war vielleicht a groaßes G'frett,
wenn in nur an Taflelappa hätt'.*

Oft hau i d'Fehler groaß verbrocha,

*so manche Seel kam schnell zum kocha
und fand mei Fehl' glei gar it nett,
wenn i nur an Tafellappa hätt'.*

*Des Schicksal war it allweil nett, i hau koin
Tafellappa g'hett,*

als dia Stunda dunkel warat,

*wenn'd Zeit mir Schlechtes it dr'sparat.
Wenn'd höhera Kräft' ganz fleißig
mischa, ka nix ma von dr Tafel wischa.*

Doch es gab au scheane Stund''

*Groaß wia dr Reagaboga und so
bunt, dau fand i es dann doch ganz
nett, daß i koin Tafellappa g'hett.*

Dia Zeit gaut weit'r, ohne Halt,
und was geschtern alles galt, g'hert
heit schoa zur Vergangaheit den
Tafellappa hot dia Zeit, geschtern
lag er auf'm Tisch,

heit schoa locker weggewischt.
Doch oins, des dürft ihr alle glauba,
ka niemand mehr uns alle rauba.
Des isch dia Zeit, froah beianand,
so wia wir heit uns g'ttoffa hand.

Unersättlich

Alles spricht vom großen Sieg,
spricht von großen Taten.

Wer spicht schon von Gewlat und
Krieg? Spricht vom Mord auf Raten?

Wer denkt schon an die große Not,
denkt an die Folter und die Pein?
Wer denkt an Leiden und an Tod,
wer hört schon die Verletzten schrei'n?

Frieden, dieses große Wort
Ist wohl in aller Mund.

Doch wie gesagt, so ist es fort,
zählt nur der Waffen-Bund.

 Siegfried Hasler wurde 1944 in Brieg (Schlesien) geboren und kam 1945 nach Türkheim, heiratete hier 1967. Zuerst war er bei der Deutschen Bundesbahn tätig, ab 1968 freier Mitarbeiter bei der Mindelheimer Zeitung, ab 1972 Journalist bei der Mindelheimer Zeitung, 1989 bei der Schwabmünchner Allgemeinen und von 2000 – 2004 Redaktionsleiter der Mindelheimer Zeitung. Prädikant in der Evangelischen Kirche, Träger der

„Verdienstmedaille des Verdienstordens der Bundesrepublik Deutschland", seit 50 Jahren Vorsitzender des Turnvereins Türkheim.

Literatur von Siegfried Hasler: Nachlese – Blick ins Familienalbum, 1994; Wolfgang Wüst/ Siegfried Hasler (Hrsg.): Wehringen: Römischer Vicus, fürstbischöflicher Amtsort, bayerische Gemeinde, Augsburg 1990.

Jürgen Gnauk

Bergzauber

*Der Nebel steigt im Meer aus Schweigen,
von dem Tale auf.*

*Suchend flüstert er in die steilen Klüfte ein. Es
strömen wilde Ströme der Gipfel Haupt. Noch
verlugt sich hier der goldne Glitzerschein. Der
Wind lauscht in Ruhe fort.*

*Ein stummes Bild tut dem Herzen
weh. Kein Hauch tut die Stille dort.*

*So wie im Traum, den ich manchmal
seh. Die Kuppen lauschen in
Erstaunung diesem leisen Königsspiel.*

*Die Berge schweigen und die Wolken
neigen ehrfurchtsvoll ihr weißes Haupt, zu
den Majestäten hin.*

Aphorismen

*- Dem freien Willen sind keine Grenzen gesetzt.
  Wer niemals etwas richtig will, dem gelingt auch
   nichts Großes.*

*- Der Wege sind sehr viele,
  keiner hilft dir aber ohne Ziel.*

*- Der Morgen beginnt früh
  und der Abend endet spät
  Dazwischen aber liegt viel.*

- Die Ehrlichkeit bringt es immer zu Etwas.

*- Die Wasser fließen stetig nach oben
  und ein Kind kann nicht auch Vater sein.*

- Wer   nichts   unternimmt,   kommt nicht vorwärts.

- Wer keinen Weg sucht, findet auch kein Ziel.

Wandelreigen

*Drunten im Tale in tiefer Sohle
hallt ein leiser Schritt dahin, aus
der Jugend Wandertage,*

*träumend von der Sehnsucht
Sinn. Wir suchten unsre Wege,
so still für uns dahin.*

*Es führten uns die Freiheit
zu einem frohen Sinn.
Die Tannen immer zeigen*

*ihr Antlitz in dem Weltenbild.
Die Nacht die dann vorüber geht,
sie sieht die Zweige nimmer.*

*Ein Brünnlein hört ich fließen,
es floß so still dahin.*

*Da wurde mir zu Sinne,
als wenn ich bei dir bin.
Rosen tanzen auf dem
See ihren stillen Reigen.*

*Ein Kranich hebt vom Ufer ab und
bricht das Märchenschweigen.*

Die wilden Wege

Der Vogel saugt ohne Unterlaß im
Moor, die Zeit schweigt ewig.

Am grauen Hain wo Trauer saß,
da wurde mir so flehig.

Eine Blüte wiegt im Winde,
beginnt zu träumen vom Moor.
Eine Knospe sticht so linde, und
schießt den Honig hervor.

Weißes Licht steht unter Bäumen,
das der Kristall des Winters verlor.
Schwere Wiesen atmen brachend,
wähnend sich zum Waldrand hin. In
dem Wind der weiten Hügel ruht
noch freie Sehnsucht drin. Hohe
Hänge in der Ferne,
rauchen alten Nebel fort.

Zeigt der Abendhimmel Sterne,
spielend im Gewölke dort.

Gibt ein Blick zum Bergesgipfel
leise Hoffnung neuen Hort.
Türme lassen Zinnen blinken,
aus dem fernen Zeitenhall.

Kann das Strahlen wiederbringen
diesen treuen Frühlingsschall.

Rosen tanzen auf dem See, ihren stillen Reigen.
Ein Vogel steigt von Ufer auf
und bricht das Mühenschweigen.
Ein Brünnlein hört ich fließen,

es floß so einsam hin.

Da wurde mir zum Sinne,
als wenn ich bei Dir bin.

Auf einmal klang's als hörte man
rufen, aus der Tiefe einen alten Geist.

Von dem die Fischer sagen,
niemand wüsste wie er heißt.

Waldesruh

Es schweigt der Wind
Es schweigt die Flur
Es schweigt die waldische Natur.
Wir kühlen Bächlein fließen leise fort. TH 88

Jürgen Gnauck wurde 1959 in Neukirch in der Oberlausitz geboren, wuchs in einem Kinderheim auf, arbeitete als Maurer, versuchte aus der DDR zu flüchten, wurde verraten, eingesperrt und später in den Westen abgeschoben. Seit November 1996 lebte er zeitweise im alten Pfarrhof in Türkheim. Er starb um 1999 und wurde auf dem Friedhof in Türkheim beerdigt. Herr Gnauck schrieb einige postromantische Gedichte, welche eine sehr dichte Naturstimmung wiedergeben.

Literatur zu Jürgen Gnauck: Türkheimer Heimatblätter Nr. 87

Ferdinand Goßner

In Gessertshausen stieg ich auf ein Stellwerk, denn um 21 Uhr war Sperrstunde, nach der niemand mehr auf der Straße sein durfte. Ich schlief auf einem Stuhl. Ein Zug wurde gemeldet, ein gutmütiger Eisenbahner weckte mich und ich stieg wieder in ein Bremserhäusle.

Eine amerikanische Diesellok mit Ami-Lokführer stand vorne am Zug. Ein Bremser kam die Leiter herauf und war über seinen Fahrgast überrascht. Ich räumte seinen angestammten Platz und stieg in den leeren Waggon. Dem Bremser sagte ich, daß ich nach Jettingen wollte. Der Zug fuhr meistens kaum schneller als ein Radfahrer, aber nach Freihalden, als es Jettingen entgegenging, da fing der Zug zu rasen an, daß man hätte nicht abspringen können, ohne das Genick zu brechen. Ich dachte schon, ich müßte bis zur nächsten Steigung hinter Burgau mitfahren, als der Zug wieder langsam durch den Jettinger Bahnhof fuhr. – Mein Bremser hat dem Lokführer mit der Laterne gewunken. Es war 1 Uhr am 2. Juni, als ich absprang.

Auf dem Weg begegnete mir noch ein Jeep und ich legte mich kurz in ein Kornfeld und bald stand ich vor meinem Vaterhaus. Der Sternenhimmel wölbte sich prachtvoll über mir. Bevor ich an der Glocke zog, schaute ich nochmal hinauf zu den Sternen – und es war, als blinkten sie mir freundlich zu.

(aus: Goßner, Ferdinand: Die umständliche Heimkehr eines Pioniers aus dem Zweiten Weltkrieg, o.O., o.J.)

Der Aufenthalt im Mindelheimer Gefängnis war ganz gut zu ertragen. Wir hatten ein gutes Essen aus dem nahen Altersheim, dem Spital. Am Abend holten die Wärter in Milchkannen das allein erhältliche Dünnbier aus dem nahen

„Bären". *Später, als wir uns schon besser kannten, sagten die Wärter: „Wenn ihr Bier wollt, dann holt es euch doch selber!" Wir bekamen Besuch vom Rechtsanwalt W., von alten Freunden und Freundinnen, ich ließ mir Zeichenmaterial bringen und arbeitete an einer Friedhofsanlage für die Technische Universität* [in München], *denn ich hatte doch Semesterferien.* [...] *Die anderen „Prominenten" waren zwei Polizisten aus Bad Wörishofen, die aus Angst um ihre Posten nicht alle Fragen über ihre politische Vergangenheit ganz richtig beantworteten. Ein besonders freundschaftliches Verhältnis hatten wir zum Bürgermeister Anton Brem und Bauern Rauch aus Unterrammingen. Sie hatten für die Verpflegung ihrer Kirchenstukkateure Kälber schwarz geschlachtet und dafür hat sie Manginelli brummen lassen. Zwei Amis, die ein Motorrad gestohlen hatten und an der Brücke in Ettringen erwischt wurden, kamen in eine Extrazelle. Sie hatten ein neues Kartenspiel und das haben wir ihnen mit*

„Joker raus" abgenommen. [...] Eines Abends brachte die Polizei einen armen Irren aus Markt Wald. Er sollte am nächsten Tag nach Kaufbeuren gebracht werden. Weil wir schon gegessen hatten und der neue Genosse einen Bärenhunger hatte, gab ich ihm einen

Räucherhering. Er behauptete, er sei „id narred", nahm den Bückling am Schwanz und verschlang ihn in Sekundenschnelle mit Kopf und Gräten, wie es sonst nur ein Seehund im Zirkus fertig bringt: „Du bist id narred" konnte wir nur noch sagen. Eines Tages bedankten wir uns bei der Küchenschwester im Spital für die gute Verpflegung und fragten, ob wir ihr nicht einen Gefallen tun könnten. Den Gemüsegarten umgraben, das könnten wir, meinte sie. Besonders unsere Bauern aus Unterrammingen waren mit Begeisterung beim Umgraben, denn das wochenlange Nichtstun war für sie eine harte Strafe. Manginelli fragte an, wieviel für unsere Arbeit bezahlt werde. Er meinte aber, wieviel er bekomme. „Natürlich nichts", war die Antwort und „sofort zurück ins Gefängnis" war seine Reaktion.[...]

(aus: Türkheimer Heimatblätter, Nr. 93)

Ferdinand Goßner wurde 1917 in Bad Tölz geboren. Er ging in die Realschulen in Mindelheim und München und machte an verschiedenen Orten eine Zimmerer- und Maurerlehre. Von 1935 bis 1938 ging er an die Staatsbauschule München und Königsberg. Er nahm als Soldat am Polen-, Frankreich- und Russlandfeldzug teil. Nach dem Krieg wurde er, auf dem zweiten Bildungsweg, an der TH München Dipl. Ing. Architekt und ließ sich in Türkheim nieder, wo er 1996 starb.

Maria Hefele

Hemmadbildla

Der Mensch ist ein unvollkommenes Wesen – und er bleibt ein solches, auch wenn er die Zeit seines Werdens und Wachsens hinter sich gebracht hat. Der eine tritt dumm in eine Pfütze, der andere schneidet sich ungeschickt in den Finger, ein dritter läßt seinen Schirm stehen und sieht ihn trotz eifrigen Suchens und Nachfragens niemals wieder.

All das geht noch, man braucht sich dieser Dinge nicht zu schämen. Schlimmer ist es schon, wenn einem beim Essen in einem Lokal die Suppe auf's frische Tischtuch überschwappt oder die fette Soße, trotz aller Vorsicht, auf die Weste oder Bluse tropft. Doch auch diese Ungeschicklichkeiten kann man noch gelassen hinnehmen, schließlich gibt es ja Waschmaschinen und Reinigungsanstalten.

Aber da ist noch ein anderes Malheur, das einem jeden, ob groß, ob klein, ob alt, ob jung tagtäglich widerfahren kann. Trotz aller Sorgfalt „auf dem Häusle" kann es passieren, dass Spuren in der

Wäsche zurückbleiben. Und für diese, im Gegensatz zu den oben genannten Fakten wirlich beschämende Sache hat nun die schwäbische

Mundart ein Wort hervorgebracht, das des Nachdenkens wert ist: Hemmadbildla!

Welche Nachsicht mit der menschlichen Schwäche und welcher Humor im Hinnehmen dieser Schwäche und welches Gefühl für's rechte

Maß im Beurteilen der misslichen Dinge des Lebens liegt doch in diesem Wort!

Wenn der Stamm der Schwaben sonst keinen bildlichen Ausdruck hervorgebracht hätte, allein durch die Wortschöpfung „Hemmadbildla" hat er seine hohe poetische Begabung erwiesen.

I bi z'Türka geboren

*Wear wia i vo Türka ischt,
dear mag d'Wolka geara.*

*Wear wia i vo Türka ischt,
dear kennt viela Schteara.*

*Denn d'r Türker Him'l dear ischt
hoach und groaß.
Diamaul ka ma seaha
Bis in Gottvatters Schoaß.*

*Wear wia i vo Türka ischt,
dear mag geara wandra,
nach Süd und Nord, nach Ost und West, von oim Tura zum andra.*

*Wear wia i von Türka ischt,
dear ischt guat bayrisch g'sinnt,*
*weil eis d'r Toarboga und's
Schloß mit Wittelsbach v'rbindt.*

*Wear wia i von Türka ischt,
ischt stolz auf d'Edelknaba,*
*und mecht, wenn's bloß a bißla
ging, nach römischa Scherba graba.*

*Wear wia i von Türka ischt,
dear liest geara G'schichtla.*
*Und, wenn ,r haut a wenig d'rweil,
probiert ,r sell au ,s Dichta.*

*Wear wia i von Türka ischt,
kommt diamaul ins Sinniera
und freit sa, daß iatz eisra Kind'
so leicht könnat schtudiera.*

Wear wia i vo Türka ischt,
*fährt geara mit d'r Schtaudabah',
wie ma von deam Hügl aus
so nett nausluaga ka.*

*Wear wia i vo Türka ischt,
dear mag d'Musig geara.*
*Singt viel und loset überall,
wo's geit ebbas zum Heara.*

Wear wia i vo Türka ischt,
kauft Salamanderschuah,
schpaziert oft an d'r Weata
nauf luagat d'r Wiahra³ zua.

Wear wia i vo Türka ischt, wünscht
Glück d'r Firma Schneid'r und
denkt, wenn'r des Wachsa sieht: Na
weitr so, nach weitr.

Wear wia i vo Türka ischt,
dear g'heart zur „Bruad'rschaft",
holt sich am Fescht bei d'r Prozessio
zum Leaba und zum Schterba Kraft

In ein Album
Mädala, muascht it gar so
weidla Nach deam scheana Apfel
langa! Laß 'n lieb'r no a Weila
An sei'm Äschtla doba hanga.

Mit deam gar so weidla langa
Haut im allererschta Garta
So a groaßa Noat a'gfanga.
Mädala, tua liabr warta!
(aus Biera ond Zelta)

---

[3] „Wiahra" ist das obere Wehr an der Wertach.

Kleinigkeiten

*'s ischt bloß a Buckl,
doch er ka 'n ganza Berg v'rdecka.
's ischt bloß a Wölkla
und doch ka's a Sonnaschei v'rschtecka.*

*'s ischt bloß a Sauma und doch ka a
groaßer Baum draus weara.*

*'s ischt bloß a Weartla und doch ka'scht
draus 's Evangela heara.*

(aus Biera ond Zelta)

's Bächla

*Dau, wo ma's no it ei'gschperrt
haut, set's zu da Gäs und Enta:*

*Komm, hupfat rei und badet fescht,
komm, dunt it lang lamenta!*

*Dau, wo ma's no it ei´gschperrt haut,
set's zu da Buaba, Mädla:*

*land Schiffla schwimma, wäschet
d'Füaß und bauet Mühlarädla!*

*Dau, wo ma's no it ei'gschperrt
haut, set's zu d'r fleißiga Bäura:
No her mit Blacha, Schü'z und Sock'
I wäsch – und du kascht feira!*

(aus Biera ond Zelta)

Maria Hefele ist 1909 in Amberg geboren. Sie besuchte die Lehrerinnenbildungsanstalt in Wettenhausen. 1933 trat sie in das Dominikanerinnenkloster Bad Wörishofen ein, erhielt den Ordensnamen Immaculata und unterrichtete auch an der Mädchenschule Türkheim. 1950 verließ sie den Orden. Ab 1951 war Maria Hefele weltliche Lehrerin und Katechetin in Immenstadt. Dort starb sie 2000 und wurde auf dem Friedhof in Türkheim begraben.

Literatur mit Gedichten von Maria Hefele: Gedichte von Maria Hefele finden sich in den Gedichtsammelbänden: Biera ond Zelta, Weißenhorn 1977; So schwätztet mir, Augsburg 1988

Literatur zu Maria Hefele: Türkheimer Heimatblätter Nr. 79

Anton Höfer

Wer von Türkheim nach Mindelheim wandern will, statt mit der Eisenbahn zu fahren, der geht heute noch den Weg, den der kleine Wastl vor nahezu hundert Jahren gegangen ist, als ihn sein Vater zum Kohlenbrenner schickte. Das war an einem freundlichen Sommermorgen, und als Wastl vom Flecken weg zwischen den wogenden Getreidefeldern westwärts schritt, sah er schon drüben im Ramminger Forst einen Rauch aufsteigen, hoch und feierlich wie eine Festfahne. Er freute sich auf den dampfenden Meiler inmitten des kühlen Schattens und war in Gedanken schon droben bei der frommen Mutter Anna, der zu Ehren man auf gelichteter Höhe ein Kapellchen hingestellt hatte, zart und spitzgiebelig. Ein halbes Stündlein weiter in Wald und Berg hinein kam dann ein Weiler – ein paar stattliche Bauernhöfe mit einem Wirtshaus daneben – der sich St. Anna benannte. ...Als

Wastl zum Kohlenbrenner kam, wusste der einen schönen Dank für Gruß und Botschaft und wanderte mit ihm durch den prächtigen Buchenwald hinauf zur Gaststätte, wo gerade Wallfahrer angekommen waren. Da gab's einen frischen Trunk, den der Köhler jederzeit liebte; dem Wastl aber ließ er einen Schübling vorsetzen und einen großen Wecken dazu. Da war's dem

Büblein zumute als sei ein Feiertag. Er hatte ohnehin das geblümte Leible angetan mit den silbernen Kreuzerlein dran und sah darin aus wie ein Erwachsener, wiewohl er erst acht Jahre zählte. Er ließ sich die Wurst schmecken, verzehrte sie bis auf die Stricklein hinten und vorn und lauschte dabei den Gesprächen der Großen. Sein Begleiter hatte sich eine Pfeife angezündet und redete bald mit dem bald mit jenem. So kam es, dass man auch auf den Wastl achtete und der eine und andere wissen wollte, wer er sei und woher er komme. Keiner verfehlte ihn zu loben der neuen Weste wegen und jeder tippte mit den Fingern an die Silberkreuzer, nickte und meinte im Scherz, ob's derlei noch mehr gäbe zu Türkheim drüben, und es heiße doch alleweil, die Türkheimer könnten zu keinem Reichtum kommen, weil sie lauter Kies im Boden hätten. – Die Wirtin aber lachte und sagte, so ein wohlhabend Bäuerlein sei ein seltener Gast und flüsterte dem Kohlenbrenner heimlich etwas ins Ohr. Als es nun ans Zahlen ging, beglich der Köhler seine Rechnung und meinte nebenbei zum Wastl: „So, Büble, zahl' das Deinige, wir müssen heimzu!"

Dem Wastl ward es himmelangst. Er hatte doch keinen Groschen im Sack und hatte nichts anderes geglaubt, als der Köhler werde für ihn bezahlen. ...Die Wirtin schüttelte den Kopf, deutete auf die silbernen Kreuzerlein an Wastls Brust und meinte, die wären ihr gerade gut genug für Wurst und Brot. – Eh' sich das erschrockene Büblein recht besann, hatte sie eine große Schere hervorgezogen und schnitt ihm ein Kreuzerlein nach dem andern ab und eins nach dem andern fiel zu Boden mit Wastls Tränen…Ein Spaß ist's gewesen und ein Spaß ist's geblieben. Der Kohlenbrenner bezahlte die Wurst und den Wecken und die Wirtin nähte die silbernen Kreuzerlein wieder an.

aus: Die silbernen Kreuzerlein, in: Bayernheft Nr. 4 Mittelschwaben, hrsg. A. Enzinger – Verlag R. Oldenbourg, München, o.J. [1930]

Wenn ich durch unseren Marktflecken gehe, die lange Hauptstraße hinauf oder hinab, so führt mein Weg am Bach entlang. Denn zwischen Fahrbahn und Gehsteig fließt, sauber in ein steinernes Bett gefasst, ein rasches Wässerlein dahin. Da schwimmen Gänse, Enten und Papierschifflein. An alten Häusern vorüber wandle ich, die werfen ihre Schatten über Bach und Straße; Kinder lärmen und lachen, und die großen Leute gehen ihren Geschäften nach. Hier klingt eine Ladenglocke durch den hellen Tag, dort rasselt ein Wagen, und vom Kirchturm tönt der Stundenschlag. So mag es seit hundert und mehr Jahren gewesen sein. Aber manchmal gibt es doch Veränderungen, die der Rede wert sind. Beim Käser Lipp oben, in dem Hause, das quer zur Straße steht, recht sonnenhell und freundlich, hat man eine Türe in die vordere Wand gebrochen und einen Laden eingerichtet. Man hat die Wand frisch getüncht , und, wer weiß´, wie's geschah: war's dem Maurer oder dem Hausherrn unbequem, auf das Bildnis achtzuhaben, das mitten im Dreieck des Giebels saß, etwas verwaschen und alt zwar, aber immerhin ehrwürdig und bedeutsam? Es war übertüncht. Wäre nicht die steinerne Tafel noch im Mauerwerk, es könnte vergessen werden, dass unser Türkheim der Geburtsort eines bedeutenden Mannes ist. ...Also reden auch in unseren Tagen die Steine, und es ist gut so. Des Bildes wegen wollen wir hoffen, dass der ehrenwerte Hausherr seinen Irrtum wieder gutmachte; denn die Türkheimer haben nur noch zwei Bildnisse von ihrem Aurbacher: eines hängt im Rathause, das andere in der Schule, just gegenüber vom lieben Herrgott am Kreuze.

(Geleitwort aus: Ludwig Aurbacher – Geschichten zur Lust und Lehr, Deutsches Gut, 1. Reihe: Dichtung, Nr., 72, Essen 1926)

Das Büblein mit der langen Nase.

Von Anton Höfer. Bilder von Hans Lang.

Laßt euch erzählen, daß ihr wißt,
wie's einem Büblein 'gangen ist.
Es war vom Fuße bis zum Kopf
ein allerliebster kleiner Tropf,
und mitten im Gesichte war
auch eine Nase, das ist klar.

Die Nase war ganz zart und fein.
Das Büblein meint, sie sei zu klein;
drum hat's die Nase lang gemacht
und hat vergnügt dabei gelacht.

Die Mutter zu dem Büblein spricht:
„Mein liebes Kind, das tut man nicht.
Das ist nicht artig und nicht gut,
das ist ein schlimmer Übermut,
und morgen kommt die liebe Base;
dann, Kind, mach' keine lange Nase!"

Das Büblein aber hat gelacht,
hat doch die Nase lang gemacht,

und weil die Base es geseh'n,
muß es nun schnell zu Bette geh'n.

Denkt nur: Wie unser Büblein tief
in seinem Bettchen lag und schlief,
da huscht durchs offne Fensterchen
ein garstiges Gespensterchen.
Es packt das Büblein bei dem Schopf
und knurrt: „Jetzt komm, du kleiner Tropf!"
Und eh' das Büblein recht erwacht,
ist ringsum schon die finstre Nacht,

Anton Höfer wurde 1889 in Konzell, im Bayerischen Wald, geboren. Lehrerseminar in Lauingen. Danach (Aushilfs-)Lehrer in Füssen, Roßhaupten, Frechenrieden, Lauben, Immenstadt, Heimenkirch und Kleinkemnat. Ab 1920 unterrichtete er an der Volksschule Türkheim, ab 1928 in Mindelheim. Ab 1932 wurde er Bezirksschulrat in Kempten. Nach dem Dritten Reich arbeitslos. 1948 wurde er wieder zum Schulrat ernannt und pensioniert. Höfer lebte bis 1955 weiter in Haldenwang bei Kempten und verzog nach Hopfen am See bei Füssen, wo er 1969 starb.

Literatur von Anton Höfer: Drei Erzählungen: Der Buckelschneider - Der Knecht von Hitnerstubb - Petrine Weil, Regensburg 1924; Peter Zwiesewind – ein Bauernroman, Freiburg 1927; Das Büblein mit der langen Nase, in: Jugendlust, Halbmonatsschrift mit Kunstbeilage, hrsg. vom Bay. Lehrerverein, Nürnberg Nr. 13, 1. April 1933, 58. Jg.; Fröhliche Heimatkunde mit den Sieben Schwaben: Die Abenteuer der Sieben Schwaben und des Spiegelschwaben im Heimat- u. Erdkundeunterr. d. schwäb. Volksschule, Fredebeul & Koenen, Verlag, Essen, o.J. (Die 9. Auflage erschien 1960 bei Hundegger in Mindelheim)

Literatur zu Anton Höfer: Epple, Alois: Anton Höfer, in: Türkheimer Heimatblätter, H. 1981, 2012

Paula Jakwerth

[Mein Heimatort]

Im schönen Wertachtal, dau ist mei Heimatort,
dau bin i immer gwest und gang au nemma fort.
Dau kenn i alle Leit und kenn an jeden Baum.
Von meiner Kinderzeit, in mancher Nacht i traum.

Wia i als junger Mensch mei Türkheim durft erleaba,
dös möchte in kurzem Reim, i euch jetzt wiedergeaba.

Wo i an mein'r Mutter Hand zum ersta maul bin ganga,
den Weg in d'Kircha und d'Schul und wia's ischt weiter ganga.
Ja, so a Tag, war ungfähr so und haut so angfanga:
Mir sind Alltag no voar der Schul in unser Schulmess ganga.
Von dau aus ging's glei nauf in d'Schual, dia Schwestra hand uns glernat,
was ma im Leaba halt so braucht, ob ma Herr ischt oder deanat.
Und war dia Schual nau endlich aus,
nau ging's all Tag im gleicha Saus

zum Kapuzinerkloster. Dau ham mer zoga am Gloggastrang
ond es haut dauret gar id lang,

nau isch der Pförtner komma und jedes Kind, ob arm, ob reich,
haut kriagt sei Brot, dau war mer gleich.

Mit dem Stuck Brot in der Hand, sind mir durch's Toar nau zoga,
hand na und na no Bächla ghupft und manchmal au nei gfloga.

Des Bächla, des war unser Freid,
im Kloastergata haut sich's teilt,
oi Strang, da ussra Flecka na,
der andre Teil lief d' Hauptstrauß ra.
Mau haut's au braucht zum Strauß eispritza.
I siech mi heit no detta sitza,

wenn's ischt recht heiß im Flecka
gwest, dau hau mir gar nix denkt,
schnell d'Sandala ra
und d'Füaß in's Bächla ghenkt.

Au „eiser Franz"[4] *ischt oft dett gsessa*
und haut am Aubat d' Füaß denn gwäscha.

Der Pfarrer unserer Jugendzeit,
dös war der Westner, liaba Leit.

Er war a guater Freund uns Kinder
und au sei alter Mesmer Linder.

---

[4] Franz Eimansberger sen.

*Wia waret doch dia Festtag schöa, für
mi haut's gar nix schöanres gea.*

*Dia Christmetta und au ´s Krippela,
dia Faschtazeit und Karwucha.
Karfreitags war dia Kirch ganz
nacht, dös Hl. Grab a wahre Pracht.
Und wia der Herr erstanda ist,*

*dau strahlt dia Kirch in hellem Licht.
Hauscht selta ebbas schöanres gseha,
zeascht roat, nau grea, mei war dös schea.
Fronleichnamstag war schir id minder*

*a Freid für Männer, Weib und Kinder.
Dia Prozession, von der Kirche naus,
geschmückt war dau a jedes Haus.
Girlanda, Kränz, weißroata Fahna,*

*an Grasteppich mit greana Bahna.
Dia ganze Kinder voana dra,*

*mit Kränzla, weißa Kleidla a. Und
Buaba in da blaua Hosa, haut grad
ausgsea wia Matrosa. Dr Pfarrer
mit m Allerheiligsta ischt unterm
Himmel gschritta. Au so, mit m
goldna Rauchmantel und hean und
dean d Levitta.*

*Glei im Gefolg, so war's der Brauch,
sind Kapuziner komma*

*Vom Bruader bis zum Guardian hat alles
teilgnomma.
Dös waret Männer mit Format,*

a jeder glei an solcha Bart,
und d'Kutta waret zeng scha schier,
dank der Fendta[5] ihrem Bier.
Nau waret d Kloaschterfraua,
Frau Oberin führt si alla a. Dös
war damals a großa Schar, in
heitiger Zeit sind se so rar.

Der Kirchachoar ischt naucha komma, mit seina Herrn und Dama.

Des waret lauter bessra Leit, allsamt mit Rang und Nama.

Nau kommat d Mannd, so war es Sitte,
glei hinterm Choar, schea in der Mitte.
Der Bürgermeischter ging voran,

dr Gemeinderat schloß sich glei a.
Allsand mit Frack und Hochzylinder,
wia haut dös imponiert uns Kinder.
Dia Weibersleit fast allmitnand,

dia waret dau im nuia Gwand
und wer bei Kasse it so guat,

haut wenigstens ghet en nuia Huat,
gar oft so groaß wia Wagaräder und
oba drauf a Straußafeader.

Des war, i muaß dös saga dau,
fürwahr die reinste Modenschau.

Mit m Beata wars oft it weit hear,

---

[5] Brauerei Fendt, heute Gasthaus „Rose".

s haut gar so viel zum seha gea.
Dahoim hats nau a Festmahl gea,

s ischt damals no dia Ausnahm gwea:
Kaffee und Kuacha, Zimmetküchla,
grad so wia aus m Bilderbiachla.

Der Wachtmeister Martin, s'ischt gar kei Frog,
war besonders dekoriert an so ma Tag.
A blaua Uniform hat er traga,
mit goldena Tressa an Ärmel und Kraga,
an Säbel an der Seita, auf m Kopf Piklhauba,
- dös war a Anblick, dös kennat dr mir glauba -
d'Stiefletta poliert und Bügelfalta,
so hau i ihn in Erinnerung b'halta.

Am Sonntag nauch der Kirch haut er verkündet laut,

was der Bürger im Rautshaus zum zahla haut,
dass d Hundssteuer fällig, der Wasserzins au,
daß Tollwut ausbrocha ischt und Klauaseuch dau,

s Freibankfleisch hat er ausglogga müaßa

und wenn a Kriager gstorba icht, muaßt er schiaßa.

Doch ischt dia liebe, alte Zeit,
leider längst Vergangnheit.

No viel däds zom verzähla geaba,
viel ka i verzähla von meim Leaba,

doch am meista denkt ma zurück mit
Freid, an sei schöana Kinderzeit.

Dr Glockabauer.

Der Glockabaur isch so a Ma,
Der's Jaumra, ganz besonders ka.

Er haut drzu jedoch koin Grond,
ist bumperl gsond und kugelrond,
haut gsonda Kend, a tüchtigs Weib
er lärmed blos zom Zeitvertreib.

Alls was er braucht, des kann er
kaufa, ka ohne Stecka, ganz gut laufa.
Er isst und trinkt blos was eam schmeckt
weil zweimaul isch scha's Geld verreckt.

Ond trotzdem, ist er all am Klaga.
Sei Frau, die muas des alls ertraga.
Der liegt er täglich in da Ohra:
„Was ischt blos aus der Jugend gwora?
Zu meiner Zeit hauts des it gea!
Mir send doch vielmehr bräver gwea."

Dia langa Haur, von seine Buaba, dia
brengat ean vollds aus da Fuaga.

Im Friahjaur gaut des Jaumra los: „Was
wead des Jauhr mea brenga blos?
Wie's Wetter? Weat der Sommer schea?
Weads au gnua Hei ond Gromat gea?
Gend d'Küh gnua Milch? Wead koina verhext?"
Ma kennd scha auswendig sein Text.
„Ob's Koara geit, ond Kartoffel id z'kloi,

da Henna ihra Eier könntet größer sei!"
Selbst vor der Kirch machd er id halt:
"Heit wars dau denna mea saukalt!

Was haut der Pfarr mea alles gwellt?
Es gaut aheba blos ums Geld.
Blos alled opfra soll man dau,

wo ma id weiß, wo's nakommd nau!
Mir gaut's zur Zeit selber id guad!
I breichd scha lang en nuia Huad!
koi Hosa leit's mir armen Tropf!" -
Er opfred blos en Hosaknopf!

"Dr Weiza kost nix, Kartoffel send z'kloi
ond überhaupt, hammers no id dahoi.
I muas für mei Familie sorga,
ma weiß ja id, was sei ka morga!"

Em Haus rom, duad'r dauern motza,
beim Essa au - es ist zom kotza -:
Dia Supp ist z'heiß, des Fleisch scha
alt, dia Nudla send ja au viel z'kalt.
Ond bei der Brotzeit, schempfd'r, mid ihr
dia Löcher em Käs, send au nemmr wia friehr!"

Dau ischd seim Weib dr Kraga blatzd.
Sie haud eam pfeilgrad oina batzd:
"Mach dein Fraas in Zukunft sell,
i zia iazd aus, gleich auf der Stell,
i ka die Zanna nema höra,
doa muaß ma ja stocknarret weara!"

*Doch wia der head, dass s Weib will
gau, dau haut'r d'Schuaba falla lau.*

*"Ja Mari, dua mr des id a, i ohna di id leaba
ka." "I däd ja ganz aloi rom hocka*

*ond wär däd stopfa meina Socka? Wär
däd mir denn mei Brilla butza? Wer
klaubat zem die Äpfelbutza? Wer
flickd des Loch em Hosasack? Und
wer holt mir mein Schnupftabak? Wer
gibt mir meina Kreislauftröpfla? Wer
sucht mir meine Kragaknöpfla? Wer
zählt mir dia Tabletta a
und ziacht mir aubeds d'Stiefel ra?*

*Wer brengd mir meina Hausschuh her,
schneid d'Zechanägl mit der Scher?*

*Em Sonntag däds koin Brauda gea
ond zum Kaffee koin Kuacha mea!*

*Am Werfdag gäbs koina gschupfta Nudla,
koi Voressa, koin Apflsstrudl!
Wer fangd dann en der Speis des Meisla?*

*Wer brengt mir a Papier auf's Häusla?
Wer drägt s'Holz von dr Hütte rei?*

*Und wer schüred en dr Stuba ei? Wer
raumet auf 'm Hof und Tenna?
Wer fuadrad dann dia Säu und d'Henna?
Wer melkt dia Küh, laud Kälbla saufa?*

*Wer schiabt da Mischt naus bis zum
Haufa? Wenn i a arga Gripp gar hät,
wer däd a Bettfläsch in mei Bett?*

*Kocht mir en Tee, deckt mi guad zua
ond sorgt, dass i au hau mei Rua?
Drom bitt i die, bleib du doch dau!" -
Sie sed: „Du kasch mi gera hau!"*

*Sie ischd verreist, läßd sichs guat
gau. Ihrn Alda haud sa schmoara lau.*

*Der isch indessa dahoim rom gsessa,
an koim Dag mid ma warma Essa.*

*Agnomma haud er glei zwanzg Pfond,
des war aber für ean ganz gsond. Nauch
vier Wucha war er kuriert
ond haut sie id amaul schiniert,*

*Reumütig haut er s'Weib zruck gholt,
haut ihr vrsprocha was sa wollt,*

*haut nema grantled und kritisiert, dia
Kur, dia haud sich doch rentiert.*

Paula Jakwerth wurde 1911 in Türkheim geboren. Sie half in der elterlichen Landwirtschaft und im Baugeschäft Sauter mit. Nach dem Krieg heiratete sie und wurde Mutter von drei Kindern. Sie starb 1982.

Paula Jakwerths ganzes Interesse galt ihrem Heimatort. Dort kannte sie jeden und fast jeder kannte sie. Ihr Wissen über ihren Heimatort hielt sie in Erzählungen und Gedichten fest.

Literatur von Paula Jakwerth: Epple, Alois (Hrsg.): Nur ein Mädchen - Paula Jakwerth, Norderstedt 2016; Gedichte und Erzählungen wurden veröffentlicht in den Türkheimer Heimatblättern Nr. 2, 29/30, 35, 48, 52/53, 90

Oswald Läuterer

Das Berger Fest

"Jetzt kommt bald s'Berger Fescht, da gfrei i mi jetzt scho drauf, da gibt's Wüscht und feine Sacha bei de Baura" so tuscheln sich beim herannahen des Berger Festes meine Ministranten schon lange vorher zu. Ja, das wissen die Schlingel nur zu gut, am Berger-Fest kochen die Bäuerinnen gut auf und wenn sie dann nach der kirchlichen Feier altem Brauch gemäß ihren Rundgang durch den Weiler machen und bei den 11 Bauern ganz schüchtern anklopfen und recht wehmütig bitten, wie's halt brave Ministranten einmal tun, ja da kann keine Bäuerin so hartherzig sein und diese "Engel am Altare" unbeschenkt abweisen. Da fällt dann manches Stücklein Kuchen oder gar Torte auch für sie ab und wird laut Parole: Kampf dem Verderb auch gleich auf der Stelle verschnabuliert. Wer wollte auch diesem lustigen Völklein verargen, daß der Kirchweihdienstag, an dem das St. Wendelinsfest in Berg gefeiert wird, so recht ein "Fescht" für die Ministranten geworden ist, an dem sie so sehnsüchtig auch

nach irdischem Lohn verlangen, nachdem sie auf den himmlischen halt gar so lange warten müssen.

Alljährlich am Kirchweihdienstag, da wallen fromme Beter und Beterinnen von der Pfarrkirche in Türkheim zum anmutigen Wendelinskirchlein in Berg, woselbst feierlicher Gottesdienst gehalten wird – bei schönem Wetter ist die Predigt im Freien – und auch von den umliegenden Ortschaften kommt das christliche Bauernvolk, denn all überall wo St. Wendelin verehrt wird, gedenkt man seiner in Gebeten und Gesängen als heiliges Vorbild und Nothelfer. Besonders am St. Wendelinsfest drängt es den Bauern und Hirten zum Beschützer der Herde und der Felder nicht aus selbstsüchtigen Sorgen um sein Hab und Gut allein, sondern auch aus seinem frommen schlichten Verhältnis zu Gott und aus dem Gefühl der Verbundenheit und Kameradschaft mit den Genossen seiner Arbeit und seines Lebens in gesunden und kranken

Tagen: „Der Gerechte erbarmt sich auch seines Viehes":

Oswald Läuterer wurde 1882 in Oberwittstadt geboren. Wie sein Bruder Christoph wurde auch Oswald 1906 Priester. Er war Kaplan und Vikar in Dietmansried, Baiersried, Niederschönenfeld und Riedhausen. Seine erste Pfarrstelle war dann auch Riedhausen, dann Erpfting und ab 1934 Türkheim. Ob seiner Verdienste um die Geschichtsforschung ernannte man ihn 1952 zum Ehrenbürger von Türkheim. 1956 starb der Geistliche. Rat und Dekan.

Literatur von O. Läuterer: Jubiläumsschrift zur Feier des 250. Jahrestages der Erhebung der Gemeinde Türkheim zum Markt durch Herzog Maximilian Philipp, Türkheim 1950; Die Künstler Türkheims -1. Teil: Johann Georg Bergmiller, Landsberg a.L. 1953;

Geschichte der Kapelle „St. Wendelin" und des Weilers Berg bei Türkheim, Türkheim 1958

Literatur zu Oswald Läuterer: Türkheimer Heimatblätter Nr. 79

Christine Ledermann, geb. Zech

S´Leaba

*Jed´s Leaba haut sein eigna Gang und, i
hoff doch, an bsondra Klang. Doch
kommt´s drauf a in welchem Teil der Welt
geboara wearsch, dass´d heil aufwachsa
kasch, kriabig in Ruah zum Essa hausch,
allweil grad gnua.*

*Jed´s Kend an Zapfa haut zum nolla und
schöpfa kasch ganz aus ´m Volla. A Bett
zum Schlaufa hausch all Dag. Des isch´s
was jeder geara mag.*

*Doch ka des alls au anderscht sei des
Leaba voller Todesgschrei,*

*in Armut, Angst und voller Noat zum
Essa hausch koin Ranka Brot! Wia soll
des moara weitergauh? Dau ka di
d´Hoffnung scha verlauh!*

*Drum semmer dankbar dass mer hand des
Leaba gschenkt kriagt in ma Land wo´s
friedlich isch, wo´s ei guat gauht, wo
Freiheit herrscht, wo ma eis laut*

*a Luft zum Schnaufa und zum Leaba. Des
kennt doch gar nix scheaners geaba!*

All Dag

*Dr´ Alltag kommt tagein, tagaus
und manchmaul isch dr´s schier a Graus.
Alldag isch gleich, dr Wecker läutet
scha z´morgas friah – au wenn´s di beitlat.*

*Du stauhsch nau auf – obwohl ´d it magsch.
Du wältsch di aus´m Bett und plagsch
di no zum Wäscha nei ins Bad,
dau liegt dann au scha all´s parat*

*damit du komplikationslos
nei kommsch in´d frischa Unterhos.
Drzua zwei Socka, Hemd und Hosa,
Zähn putza no und dann an groaßa,*

*heißa Kaffee und a Brötla
und scha drehsch du nemma am
Rädla. Auf oimaul isch´s it gar so arg
wenn z´morgas anfangt mea der Tag.*

*Du merksch, es haut halt doch an
weart da Tag z´afanga unbeschwert,
es kommt doch so, wia es soll sei dau
lausch du di dann halt drauf ei.*

*Du freisch di drauf und watesch geara
Was heit meah sei weat in deim Leaba?
Nimm´s a, und mach des Beste draus
Du kommsch doch sowieso it aus!*

D´Arbat

Du gauhsch durch´s Leaba jeden Tag.
Du schaffasch, rackrasch, all´s vermagsch.
Du läd´sch dr´s auf…und no oi Drum
Du kommsch au manchmaul it drum rum.

Dia Arbat weat all no viel mehr.
Wo nemmsch bloß all dia Kraft dau her?

Des ka a Weila scha so gauh. Auf
oimaul aber stolprasch dau.
Nau haut´s di na, nau flacksch dau
det des isch fei dann gar nemma nett.

Drum sag i dir, pass auf di auf
dass s´Leaba nemmt an scheana Lauf.
Verschieab it all´s bis zua dr Renta, so
ois ums ander vielleicht kennt ma

scha vorher macha weidla dau
und d´Arbat oifach d´Arbat lau.
Nemm´s it so erascht, lass es los
weil anderscht gauht´s vielleicht in d´Hos.

I wünsch dr ois – und des isch gwieß,
ja scha auf Erden, s´Paradies.

Zugfahra

Wenn oiner maul a Reise macht,
mei Leit, i sag ui, gend obacht.
Und wenn er tuat gar d´Zugfahrt wählen,
dann kann er meist sehr viel erzählen.

Denn eigentlich wär´s ja ganz toll, wär
bloß der Zug it gar so voll. Erholung,
Ruah und gar an Schlauf, probiera
kasch´s, doch dau gib´sch auf!

Wenn send dau Schualkend mit
drbei gar Teenager, dia kittrat glei
bei jedem Wort und des send viel
der Wörter oft dau mit im Spiel.

Nia gauht bei deana s´Drum maul
aus, des isch scha manchmaul gar a
Graus. Ey Alter, musst du wissen das,
echt krass wir sind oder ey was?

Doch gibt´s dau no a andra Gruppa,
dia duat des au glei gar it jucka,
wenn sie send laut, weil sie wend stoaßa
mit Sekt da Ausflugsstart begiaßa.

Dau gauht des zua, dau weat viel glachat,
so mancha sich zum Narra machat.

Du hocksch im Waga mittadrin Und
s´kommt dir dann so in da Sinn Wia
schea wär des wenn um di rum A
jeder wär ganz oifach stumm.

Ma kennt dann vor sich na sinniera,
kennt kruaba lau sei a´gstrengts Hiera.
Und wär am End der Fahrt dann gricht
Für so manch andere Geschicht.

Motorradfahra   März 2016

Im Friahling – kaum d´Sonn luagat
raus, dau hält´s so mancher nemma aus.

Dia Strahla dond oin ganz schea bitzla
und d´Näs dia duat oin au scha kitzla.

Dia Ohruah wheat bald groaß und greaßer
willsch nei hupfa in bsondra Häser.

Dia send kompakt, kommsch schier it nei
no d´Stiefel a –des muaß au sei.

Du muasch iatz naus, du muasch es waga
du muasch halt mea Motorradfahra!!

Du magsch dau spiera dann dean
Fahrtwind wia er duat waudla fescht um
dein Grend. Dr´zua no riacha dia Natur
von Blumenduft bis Pschitta pur.

So fehsch du los bisch voller Freid.
Was heit wohl all´s zum Seacha geit?
A Pass muass sei mit Bergkulissa des
magsch du ja glei gar it missa.

Und dann no an ma Sea vorbei
des Leaba isch so schea, juchhei!

Au viel Verkehr – des macht dr nix
du überholsch ganz oifach fix.

Des gauht mit deam Motorrad schnell, dau
kommsch du ganz schnell von dr Stell.

Und fesch du aubads nau mea
hoim weisch du, vermissa mag i
koin von deana Däg wo i mi fühl
so guat, dass s´weart mir schiergar zviel.

So ka es sei – a Halbsjauhr schier
Motorradfahra – des gfällt mir!!

 An Weihnachten als letztes von vier Kindern beim Bauern Zech geboren. Ausbildung als ländliche Hauswirtschafterin und Dorfhelferin. Nach Hochzeit und der Geburt von vier Kindern Weiterbildung zur Hauswirtschaftsmeisterin und Sozialwirtin. Mitglied des Trachtenvereins Ettringen, Mitwirkung in der Stubenmusik und im Schwäbischen Dreigesang.

Literatur von Christine Ledermann: Türkheimer Heimatblätter, Heft 94

Maria Mayer-Günther, geb. Mayer

Warum isch it glei Weihnächta am easchta Apfent?

*Voll Liacht soll sei, dia b'sinnlich Zeit,
des moinat halt so mancha Leit.*

*Glei sollat alla Keaza ganz hell brenna, nau
kaa ma en d'r Nächta schneller renna.*

*D' Liachtschalt'r dreht ma halt um,
dann isch dia dunk'l Zeit glei rum.*

*Auf oimaul geit's d' ganza Glanz zum hau
ond 's Wata kaa ma so drum au glei lau.*

*Doch da Sinn vo Weihnächta kaasch
eascht begreifa,*
*wenn em Apfent dei Seal so wia a Frucht
duat reifa.*

*Gang jed'n Dag oi Diarla zua deim Innra
weit'r. A Liacht, a zart's, a mild's, a warm's sei
dei Begleit'r.*

*Em Heaz weat weit'r, hell'r dann d'r Schei ond
Frieda, Freid ond Froahsinn kehrt mit ei.*

A b'sondra Hella

Em Apfent d'r Dag all kizer weat,
a langa, kalta Nacht d'zua au g'heat.

En seller Zeit a b'sonders Liacht strahlt
hell, des blendat ui au gar it grell

Oi Keaz zend i z'eascht a am greana Kranz,
v'rbreita duat's an g'hoimnisvolla Glanz.

D'r Schei vom Liacht strahlt a mei G'sicht.
I nehm mi wauhr em milda Liacht.

Erhella duat's dia Dunkelheit,
blos soviel, wia i zum Seacha be bereit.

I luag auf mi ond sieh mi klaur
ond nehm mei innra Stimm so wauhr.

Vo der Hella be i tiaf berihrt,
a Freid kommt auf, dia's Dunkel integriert.

Au jed'n Sonntag nemmt des Scheina zua,
ausstrahla duat's auf mi a groaßa Ruah.

Vor da Auga sich a Weag aufduat,
in Gottes Liacht wear i au g'fihrt so guat.

Gott will in eis gebora weara,
d'mit wead's Liacht zu eiserm Leaba g'heara.

*I wensch ui all des Liacht vom Christuskend. En
Frieda ond sei Liab legt es in eisra Hend.*

*Teil m'r 's Liacht ond gend a Stuck vom Heml
weit'r,*
*dann ka a Leichta ond a Liab sich in d'r Welt
v'rbreita.*

A G'schenk fir Weihnächta

*Em Apfent miar voller Vorfreid send,
als ob miar auf 'en liaba Mensch a wata dend.*

*Weita soll des Wata eiser Heaz,
vergessa lau so manch'n Schmeaz.*

*'S Christkend will bald komma zua eis all, als
Kend ond z' Nacht em arma, kloina Stall.*

*Des Liacht, des eis des Kend dau geit,
wend miar au weit'rgea mit Freid.*

So mecht i au von mir was schenka,
d'bei an andra Menscha denka.

I überleg, was sa wohl geara wend,
wia i mei Liab au zeiga kennt.

En's G'schenk, mei Heaz leg i mitnei,
nau ka 's au no so oifach sei.

A Deil vo mir soll's eba sei,
drum wär a Briefla au ganz fei.

Au froaha Wensch will jeder heara
ond baschtla doa i au ganz geara.

Sich über 'n B'suach so mancher
freit, dau breng i mit en Haufa Zeit.

Em G'schäft zum Kaufa geit's au gnua,
bloß überleg i mir 's en Ruah.

Mei G'fihl leg i beim B'sorga nei,
Gedanka guata sollat's sei.

A G'schenk mecht dir a Botschaft saga:
„Doa d' Liab vom Stall en d' Welt naustraga."

Denn wenn d'r Mensch zur Liab bereit,
isch Weihnächta au nemma weit.

Maria Mayer-Günther, geb. Mayer, wurde 1959 in Türkheim geboren. Sie studierte Musik am Konservatorium und an der Musikhochschule in München – Musikpädagogin. Sie ist verheiratet, hat drei Kinder und engagiert sich ehrenamtlich und sozial im kulutrellen und kirchlichen Bereich.

Literatur von Mayer-Günther:
Türkheimer Heimatblätter 2015, Nr. 94

Ingrid Nieser, geb. Schmid

Dr Reagawura und ‚s Staraweibla

A wiaschter kalter Reagawura,
der wualat si durch den Dreck dau dura.
Von oba kommt a Staraweibla
Und denkt si, des wär was für's Leibla.
Im Sturzflug fliagt sie auf'n drauf,
und nimmt dem arma Kerl sein Schnauf.
Der kriagt an riesig großa Schreck,
vergißt zum Wuala in seim Dreck.
Und voller Fraid des Staraweibla,
des packt den Wurm grad wi a Schreibla.
Für d Kinder isch des ganz was Guads,
drum draitsn hoi und machtn kuz.
In jedem Maga lait a Drumm,
von dem zerrissna arma Wurm.

 Ingrid Nieser wurde 1966 in Buchloe geboren, besuchte die Volks- und Hauptschule in Türkheim und die Wirtschaftsschzule in Bad Wörishofen. Ab 1983 die Krankenpflegeschule in Buchloe. Sie ist verheiratet und hat zwei Kinder.

Literatur von Ingrid Schmid: Dr Reagawura und s' Staraweibla, in: So schwätzet mir, Augsburg 1988

Anton Noder (A de Nora)

Cäcilien-Konzert.

In dem rauchigen Saale der „Goldenen Krone"[6]
Sitzen heut abend, Kopf an Kopf
Gedrängt, die Bürger des kleinen Nestes
Und selbstverständlich an eigenem Tische
In der Mitte die Herren Honoratioren[7] *–*
„Erstklassige Menschen" – und sogar
Ein Kapuziner und drei Kapläne.
Denn heute abend ist: „Festkonzert
Des Oberlichtheimer[8] *Kirchenchores*
Zu Ehren der hl. Cäcilie"[9]*.*
Ihr Bildnis hängt an des Saales Hauptwand.
Die Harfe in den geweihten Händen
Schaut mit dem lieben Kindergesichtlein
Aus all dem Nebel von Staub, Tabakrauch
Und Kolophonium, still die Heilige
Herunter in das bunte Gewimmel....

Gläser klappern, Messer und Gabel,
Kinnladen und Zungen sind in Bewegung,
Dazwischen probt seine Klarinette,
Der alte taube Schuster, dass sie

Quietscht wie ein Ferkel, kratzend streichen
Die Geiger über die dürren Därme,

---

[6] Gasthaus Krone, Türkheim

[7] Gesellschaft „Frohsinn" in Türkheim

[8] Türkheim

[9] 22. November ist „Cäcilia"

Bumbam, bald hoch, bald tief
bambummelt Die Pauke, die noch der
junge Magister Zu stimmen versucht –
und dann Beginnt
Das Konzert!
O heiliger Bimbam!

Und du noch heiligere Cäcilie!
Die Augen hinaufgerichtet
Zu der lieben, lächelnden Kleinen,

Hör' ich zu, mit traurigen Ohren.
Doch…o Wunder! Die farbengedruckte
Himmlische Harfenistin
bekommt Auf einmal Leben!

Angstvoll wird und schmerzlich bewegt wird
Ihr Gesichtchen, die Harfe hält sie
krampfhaft, gleich als hielte sie sich
Um nicht zu fallen…und Stund' auf Stunde

Wird verzerrter, zorniger, entrüsteter
Wird verzweifelter ihrer Augen
Himmlischer Aufschlag, und die Harfe
Packt sie schließlich so wild, so wütend,
Dass ich fürchte, sie wirft nun
demnächst Dem tauben Schuster
Sie an die Nase…

Da! Horch! Was
ist das ?! –

- Aus dem quieckenden, kreischenden, harten,
Ohrzerreißenden Lärm steigt plötzlich

Groß und glockenrein
Ein Ton
Empor!
Ein einziger Ton nur,

Doch ein wundervoller, so edler, klarer, seliger Geigenton,

Wie nur die Engel droben im Himmel
Einen finden, um Gott zu loben.
Woher kam er? Wohin ist er geflohn?

Er kam und schwand wie ein fallender
Stern. Wie ein blindes Huhn, eine edle Perle.

Fand ihn einer der ländlichen Geiger[10]!
Wie Diamanttau aus struppigem Dornbusch
Fiel ihm der Ton aus den alten Saiten!

Und er merkte es nicht - - -
. Aber die heilige Cäcilie
Hörte ihn! Alles Weh, aller Groll,

Aller Ärger verschwand von ihrem
Gesichtchen; Selig lächelnd schlägt sie nieder

Die schönen Augen und breitet
segnend Über alle,
Über sie alle,

Ihnen allen Verzeihung
lächend Um des einzigen Tones
willen, die heiligen Hände.

aus: Ruheloses Herz"

---

[10] Schreinermeister Prestele, Türkheim

Wir hatten eine Reihe von Sozietäten verschiedenster Art, in deren nobelster: „dem Frohsinn", die ganze ‚"Creme" des Ortes eingetragen war.

Aufführungen, Konzerte, Vorträge und Tanzabende prangten auf dem Programm dieser Elite, und obwohl ihr Großteil aus Handwerksmeistern und Gewerbetreibenden bestand, ging es doch fein und vornehm dabei zu. Zwar dominierte kein Frack oder Somkinganzug, doch schwarzen Bratenrock schwang beinahe jeder Herr, wie jede Dame ein Abendkleid.

Das Hauptereignis einer Saison gipfelte im Faschingsball. Man warf sich in Kostüm, mehr oder minder glücklich, nach einer Generalidee – Landwirtschaftsfest, Oktoberfest, Kirchweih, Erntetanz, Eisenbahneröffnung – und begann zunächst mit der „Polonäse", einer dem „Krauteinstampfen" ähnliche Schrittübung. Denn weil der Saal nicht groß, die Tänzerschlange jedoch unendlich war, kamen die Paare nur mühsam vorwärts und mußten oft minutenlang auf demselben Fleck treten. Eine Parade, um so komischer, als sie mit größtem Ernst der Mienen und Stiefel verbunden und von Wagners Einzugsmarsch „meist falsch) begleitet war.

Der Tanzkapelle Primgeiger, ein Schreinermeister, dessen ehrsame Hobelhand sich nicht so leicht tat mit Griffen und Läufen, war von Musik beseelt bis in die Fingerspitzen. [...]

Der C-Trompeter, ein langer schnauzbärtiger Landsknecht [...] *soff auch soviel das Sprichwort will und ging gewöhnlich gegen Ende des Balles mit seinem Instrumente eigene Wege. Das heißt: er phantasierte in Blech und riss die Führung an sich, daß alle andern verstimmen mussten. Dann blieb nicht anderes übrig, als den Höhepunkt seiner Ekstase abzuwarten! Wenn er geschlossenen Auges und mit zum Himmel gerichteter Trompete seinen Empfindungen freie Bahn ließ, goß ihm ein Mitspieler rasch einen Krug Bier ins Blasrohr. Mit röchelndem Gurgellaut setzte das Geschmetter plötzlich aus* [...] *Auch der Flötist gehörte zu den Sehenswürdigkeiten unseres Ensembles. Ihm fehlten durch Unfall beide mittleren Schneidezähle. Während er pfiff, sprühte daher beständig eine Brause aus seinem Mund, die trotz der Hitze des Saales nicht eben zur Erfrischung seiner Nachbarkollegen beitrug. Deshalb stellte man ihn vorsorglich mit dem Gesicht an eine Wand, mit dem Rücken zum Dirigenten.*

(aus:. Am Färbergraben, Leipzig 1932)

Anton Alfred Noder wurde 1864 in München geboren. Er studierte in München Medizin und Literatur. Er wurde um 1890 Arzt in Türkheim bis 1910. Dann gab er seinen Arztberuf auf und widmete sich in München nur noch der Dichterei. In München arbeitete Noder als Feuilletonist und Hauptmitarbeiter der Zeitschrift „Jugend". 1936 starb Noder in Wien.

Literatur von Anton Noder, Auswahl (Türkheim betreffend): Am Färbergraben – Erinnerungen um die Jahrhundertwende, Leipzig 1932; Die Täuscher – Ein Bauernroman aus Schwaben, Leipzig 1922; - Die sieben Schelme von Großlichtheim – Ein fröhliches Plauderbuch, Leipzig 1913; Ruheloses Herz - Gedichte, Leipzig 1908;

Literatur zu Anton Noder: Dem Arztdichter A. de Nora zum 90. Geburtstag, in: Mindelheimer Zeitung vom 23.7.1954; Türkheimer Heimatblätter, H. 80, 20??

Hans Ruf

Nachruf auf eisr Bächla

Voar etla Täg, am Türkr Fescht
Dau bi i mea amaul z'Türka gwest,
Und was i dau hau müaßa seah
Des huat mir bis in d'Seal nei weah.
Eiser Bächla hammer nemma –
‚Gradaus hätt i heina kenna,

So weah haut mir des dau,
Zuamacha hand sas lau.
Dau hau i an mei Kindheit denkt
Die wo s'Leaba oim blos oimaul schenkt,

Dau hau i denkt, wo mir als Kend No
ibers Bäüchla nomm ghupft send; Wo
gGees und Enta gschwomma send,
Und Schiffla, dia i g'macht als Kind –

Und wia i naucher älter woara
bi, so um dia Jauhra achtzeh hi,

wia oft bi i dau am Brückela gsessa,
am Aubad und hau Wasserbira gessa
und hau d'Füaß ins Wasserg'hänkt
und hau drbei ans Mädla denkt.
Dr Mau der haut ins Bächla blitzlat

Und i hau nom zum Nauchbaur gschpitzlat,
ob s'Mädla vor sa schlaufa gaut

an mi vielleicht au denkt no haut.
Des isch scha lang, des muaß i sa,

viel Wasser isch seit dem s'Bächla nau –
an all des hau i sellmaul denkt,

dau hauts mi eascht no richtig kränkt;
Warum macht ma des Bächla zua?
Des laußt mir oifach gar koi Ruah!
Und wia i nau so gfraugat hau:
Warum hat ma denn des jaz dau?
Warum macht ma des Bächla zua?
Dau hand so gset: Du domma Kuah!
Hausch du denn des no gar it g'heart
Daß Türka doch a Stadt jaz weart!

Dromm kommt jaz z'escht des Bächla dra
Dau kommat Trambahschiena na!

Des weascht doch langsam sell verstau!
So ka ma des doch nemma lau!

In a Stadt paßt doch koi Bächla nei!
Des leichtet dir wohl sell bald ei!
Weil der für d'Auto a Falla sei

D´ Pfarrkirch ruckt ma au no zruck
Und ´s Kloster verruckt am au a Stuck!
Weil d'Schtrauß jaz weat fuchzg Meter breit,
A Stadion baut ma für fuchzgtausat Leit

A Flugplatz kommt in d'Nuiba na
Und d'Bauraheißer reißt ma au all a;

Mischtheifa paßat doch in a Stadt it nei!
Des leichtat wohl a jedem ei!
Dr Jackl will a Hoachhaus baua,
Dau werat d'Türkr artig schaua;
Zwanzg Stockwerk hoach soll des weara,

des kommt dau na am Weag zum Geara;
Zweitausat Küah kommat dau nei

Wia a Milchfabrik richt ma des ei! –
So hand mir verzählt dia Leit

Und viel no, i weiß's nemma
heit; Dau hau i nix mea z'saga,
Blos oi sweat lang no in mir naga,

Des wear i meinr Lebtag it vrschmeaza
kenna; Eiser Bächla hammer nemma!

Die folgenden Kurzgeschichten sind entnommen von Hans Ruf: Dau lachat dr Schwaub:

Treffen sich zwei Freunde. Fragt einer den anderen: "Isch des wauhr, daß dei Weib nächt z'nacht drvo ischt?" "Jau", sagt darauf der andere, "des stimmt scha, du hausch scha recht." "Ja", sagt der eine dann, "hausch denn du des it g'heat, wia sa futt isch?" "Jo", antwortet der andere, "des hau i guat g'heart, abr i be ganz ruhig gwesa, soscht wär sa it drvo!"

"Vatr", set a Bua, "siehgsch wiaviel dia Kuah Wassr sauft, dau glaub i scha, daß d'Mill so dünn isch!"

Fragt der Richter: "Sagen sie Angeklagter, bereuen sie ihre Tat nicht?" Darauf der

*Angeklagte: „Herr Richter, des ka i ui eascht
saga, wenn i weiß, wia lang i hocka muaß!"*

*Ein Mann liegt auf dem Sterbebett. Wie er
glaubt, daß es bald zu Ende geht, ruft er seine
Frau zu sich und sagt: „Wenn frei mea
heiratscht, nau heiratscht Baumüllers Boana,
des isch a rechtr Ma!" Dau set s'Weib drauf:
„Des gaut jaz nemma, i haus doch scha lang em
Berghubrs Mata vrsprocha!"*

*Z'Eattringa steigt a alts Maala ins Staudazügla
ei. Sitzt a alts neigierigs Weibla denna und
fraugat hald glei des Maala: „Vatrla wo fahrat
dir na?" Dau set des Maala: „Auf Türka!" Dau
fraugat des Weibla abr au weitr: „Was dondr
nau z'Türka?" Dau set des Maala drauf: „Mea
aussteiga!"*

*Oinr haut amaul gset: Wenn i's faulenza
id glearnat hätt, hätt i tägweis koi Arbat!*

*Dau send amaul zwei Fischr im Wiatshaus
beianand g'hockt und hand hald so von ihra
Erlebnis beim Fischa erzählt. Des sollat abr zwei
gwesa sei, dia wo nia so gloga hand wia die oina
Fischr. Nau hand sa hald übr des und übr s'oi
gschwätzt und send bald nau ins „Vrzähla"
neikomma. „Was moisch", haut oinr gset, „Was mir
easchtamaul passiert isch: Hock i dau da*

*halba Nommatag an dr Weata detta und haut
oifach nix bissa. Abr auf oimaul hau i oin dett, i
hau gleich d'Ruat fascht gar nemma vrhebt und
hau denkt, des isch r, auf dean i scha wuchaweis
ziel, abr was moisch, was des g'wesa isch? A
Latera und denk dr, dia haut no brennt!"*

*Darüber war nun der andere Petrijünger sehr
verwundert und erzählte nun auch sein
angeblich jüngstes Fischerabenteuer: "Dean
Hecht, wo du moisch", begann er, "Dean hau i
gfanga. Dear war übr n Metr lang und zo zweit
hammr ziacha müaßa, bis mrn hussa g'hett
hand!" Darauf sagte nun sein Fischerkollege:*

*"Wennd'no nia gloga hausch, aber desmaul
hausch gloga!" Darauf sagte nun der andere*

*Jünger Petri: "Wenn du dia Lampa
auslöscht, nau doa i von mein Hecht au en
halba Metr weg!"*

Dr kloi Maxl isch bei Vrwandte auf Bsuach.

*Wias auf da Aubat zua gaut, fraugat d'Tanta:
"Maxl, wenn muasch du hoi?" Da sagt der
Maxl darauf: "Mei Muattr haut gset, vor it
gnua gessa hausch, gausch it!"*

*Die Tante ist auf Besuch. Als es schon zum
Mittagessen Zeit wäre, fragt sie den kleinen*

*Seppl: "Wenn tuat ma denn bei ui Mittagessa?" Da
sagt der Seppl darauf seelenruhig: "Soscht*

*umma zwölfa! Aber wenn mir en Bsuach hand,
nau wata mr bis r futt isch!"*

*A Fremdr fraugat n Buaba, wia ear am
schnellsta zum Bahnhof kommt. Dau seht dear
Bua drauf: „Wenn d'recht weidla laufscht!"*

*Fragt einer: „Warum schabst denn du dean
Käs?" Antwortet der andere: „Wenn
r'Feadra hätt, nau det en i scha rupfa!"*

*„S'gaut aufwäts", haut dr Spatz gset, wia
ean d'Katz d'Stiaga nauftraga haut.*

*„S'Fidla weats scha beitla'", haut oinr gset, wia
r da dutzadsch Leabrknödl gessa haut.*

*„Schea isch mei Weib it, aber zwei Fuadr Mischt
lädt sa in dr Stund", haut amaul a Baur gset.*

*Fraugat oinr da andera: „Wenn hausch denn du
die Frau kennaglearnat?" Dau set dr oi drauf:
„Leidr Gottes eascht nauch dr Hoachzeit!"*

*„I scheiß auf a nuis Gebiß, des hilft it für da
Duscht", haut dr Oxakneacht vom
Ludwigsberg dettamaul gset.*

*„Das ist eine Unverschämtheit", sagte eine Frau
zu ihrem Mann, „wenn die Frau Maier zu uns*

kommt, putzt sie erst die Schuhe ab, wenn sie
bei der Türe hinaus geht!"

*A Jägr vrspricht seiner Frau, dass er heut
aubauts zwei Wildenta hoibringt. Dau set sie*

*Frau drauf: „Vrgiß abr desmaul it,
s'Preisschildla zom wegtoa, s'letzschtmaul
hausch an deana zwei Hasa vrgessa!"*

Die Bäuerin sagt zu ihrer Tochter: „Gell richt
die frei heut saubr zema und toa a saubera
Untrwäsch a, mir gand heut auf da Viehmarkt!"

Treffen sich zwei Freunde, von denen einer kurz
vor der Verheiratung steht: Fragt ihn der andere:
„Ist das wahr, daß du deine Schwiegermutter
mit auf die Hochzeitsreise nimmst?" Darauf
sagte der andere: „Ja, das stimmt schon, ich muß
ja froh sein, wenn ich auch mitfahren darf!"

*Fraugat oinr en Bekannta, der vor seinem Haus
d'Schuah putzt: „Warum putscht du heut sell
deina Schuah, des haut doch allawei die*

*Haushältera doa? Isch dia nemma bei dir?"
Dau kriat r zur Antwort: „Doch, doch, abr sie
isch in dr Zwischazeit mei Frau woara!"*

*S'haut amaul oinr gset: „Jaz hammr au amaul
en rechta Schullehr. Der haut am Sonntig beim*

Wiat a so ghaurat, daß r am Medig(Montag)
koi Schul haut halta kenna!"

*Fraugat oinr en Buaba: „Warum hockt jaz denn
dei Vatr jedn Tag bis zwälf Uhr nachts ins
Wiatshaus nei?" Dau set dr Bua drauf: „Weil r
si it hoitraut solang d'Muattr wach isch!"*

*Erzählt einer seinem Freund: „Kriag oifach nia
a Mittagessa! Entwedr s'weat nix, odr wenns
amaul ebbas weat, nach ißts mei Frau sell!"*

*Es ist einer angeklagt wegen Brandstiftung am
eigenen Haus. Sagt der Richter: „Wie konnte
es bei ihnen auch brennen, nachdem das
Nachbarhaus durch Blitzschlag schon
eingeäschert war. Der Wind kam zu dieser Zeit
aus einer ganz anderen Richtung, wie sie
angeben!" „Ja", sagt darauf der angeklagte
Bauer, „Herr Richter, auf da Wind ka ma si
heutzutag au nemma vrlau!"*

*Dem Sepp ist sein nicht zart besaitetes Weib
gestorben. Der Herr Pfarrer tröstet ihn und sagt:
„Sie müssen sich mit dem Unabänderlichen
abfinden. Sehen sie, ihre Frau ist jetzt beim
lieben Gott!" Da sagt der Sepp darauf:
„Deam wünsch i viel Vrgnüga!"*

*Der Wirt fraugat da Gascht, ob eam au dia
Forella schmecka däb. Drauf set dr Gascht:*

*„Schmecka tuat sa wundrbar, abr sie haut da
Schwanz z'näch beim Kopf!"*

*Fraugat a Kaufmann höflich oin bei eam hoach
vrschuldata Kunda: „Wenn derf i hoffa, daß
dr uira Rechnunga bei mir endla begleichat?"
Da set dr Kunda obekümmert>: „Hoffa kennat
r allawei!"*

*Die Maierbäuerin hat Schmerzen in der Brust
und geht deswegen zum Arzt: Nachdem sie der
Doktor gründlich untersucht hat, schaut er sie
bedenklich an und sagt: „Frau >Maier, sie
gefallen mir gar nicht!" Von dieser Äußerung
aufgebracht schreit die Maierbäuerin den Arzt
an: „So, wenn dr i it gfall, nau suachsch hald a
Scheanera!" Darauf verließ sie, die
Sprechzimmertüre hinter sich zuschlagend,
das Arzthaus.*

*Zwei ältere Männer sitzen an einem
Freitagabend am Stammtisch. Einer von ihnen
hat einen beachtlichen Kropf. Als er hört, daß
sein Tischnachbar ein paar Weißwürste bestellt,
macht er ihn aufmerksam, daß es doch Freitag
sei und man doch keine Würste essen dürfe. Er
würde das nie tun. Da lacht sein Tischnachbar
und sagt: „Du kasch ruhig au Weißwürst am*

Freitag essa. Bis dia übr dein Kropf nakommat, isch au so scha Samstig!"

Dr Ma kommt eascht am Nammatag vom Früahschoppa hoi. Wortlos stellt eahm sei Weib s'Mittagessa auf da Tisch. Auf oimaul set dr Ma: „Warum isch denn heut dr Kartoffelsalat so fuztrucka?" Zornig seht dau drauf sei Weib: „Weasch mittags hoiganga, dau war r no saichnaß!"

S'haut amaul oinr gset: „Des ist amaul a gscheida Hoachzeit gwesa, dau hand sa nammatags scha g'haurat, daß ma da Badr haut holla müaßa!"

Sagte einer, „Sie gehen barfuß, tun ihnen die spitzen Steine nicht weh?" Da sagt der andere: „Die Steine nicht, aber die Füße!"

Fragt eine Frau ihre Freundin, wie alt sie ist. Da bekommt sie zur Antwort: „I be so alt wia i ausluag!" Darauf sagt die andere: „I hau gmoit du bisch no viel jüngr!"

S'haut amaul oinr gset: „I hau en dr Liab alla weil scho a Pech g'hätt. Mei eascht Braut isch g'schtorba; die zwei haut mi ausgschmiert und die dritt haut mi g'heirat!"

Hans Ruf wurde am Heiligen Abend 1910 in Türkheim geboren. Nach der Schule ging er auf Wanderschaft, bis nach Sarajewo und Dubrovnik. Er arbeitete zuerst in Friedrichshafen, ab 1938 in München. 1954 zog er nach München. 1973 ging er in Rente und zurück nach Türkheim. Hans Ruf starb 1983.

Hans Ruf war ein Sammler. Seine Leidenschaft galt Briefmarken und München, schwäbischen Landkarten und Kupferstichen. Er brachte zeitweise ein „Türkr Narrablättla" heraus und die Türkheimer Heimatblätter.

Hans Ruf verfasste in mehreren Tageszeitungen Reiseberichte über seine Reisen durch Süd- und Südosteuropa, Dialektdichtungen. Sein Hauptwerk war ein

Katalog: Türkheimer Bildhauer, Maler und Altarbauer des Barock. Er schrieb auch eine Chronik von Amberg. Seine Türkheimer Chronik wurde leider nicht gedruckt.

1957 gründete Hans Ruf das Türkheimer Heimatmuseum. Er wurde hierbei von Georg Baur unterstützt.

1981 erhielt er die Verdienstmedaille des Verdienstordens der Bundesrepublik Deutschland.

Literatur von Hans Ruf:

Blumenlegenden – Ein farbenfroher Strauß der schönsten Legenden aus der Wunderwelt der Blumen, Altötting (Verlag Alfred Coppenrath) 1948; So schwätzt dr Schwaub, Türkheim 1978; Dau lachat dr Schwaub, Türkheim o.J.; Dau lachat dr Schwaub II, Türkheim o.J.; Dr Steara vo Bethlehem, Türkheim o.J.; Türkheimer Heimatblätter von 1971 bis 1981 (135 Ausgaben); Türkheim in Vergangenheit und Gegenwart, Türkheim 1971; Amberg - Chronik eines schwäbischen Dorfes, Amberg 1979; Schwäbischer Barock, Weißenhorn 1981

Achim Schregle

Auszug aus „Römerschanze"

Greiner blieb in der Gaststube. Er wollte Toni auch noch seinen Kaffee spendieren. Da fing er auf einmal an zu grinsen. Sein Auto und das von Teufel standen vor dem Engel[11] Durch das Fenster, das nach Osten zeigte, sah er zum Stall, der direkt an das Gebäude der Wirtschaft angebaut war. Paula war dort hinein gegangen – in ihrem Minirock und ihren Pumps. Offenbar wollte sie sich bei den Einheimischen umhören. Auf einmal hörte Greiner den Bauern schreien:

„Luag, dass'd weiterkommsch! Wer haut Dir erlaubt, auf mein Grund zum komma und gscheit d'rher zum reda, bleda Henn?" Der

Bauer war so laut, als ob er mitten im Raum stünde. Gleich darauf rannte Paula, so schnell sie mit ihren Absätzen konnte, japsend aus dem Stall heraus zu ihrem Auto. Hinter ihr der Bauer. Er fuchtelte wild mit seiner Mistgabel. Ein unübertrefflich groteskes Bild. [...] Sie würdigte Greiner und Mayer keines Blickes,

---

[11] Gemeint ist hier wohl das Gasthaus „Rößle", heute „Bäurle" genannt.

ging zum Wirt und bestellte sich einen Kir Royal. Dessen Reaktion: "Was soll das denn sein, bitte?" Paula rümpfte die Nase. "Ach Gott, das kennen Sie nicht? Ein Schuss Johannisbeerlikör mit Sekt." "So etwas habe ich nicht, Hier trinken die Leute Bier oder Wein. Aber so Mischzeugs? Nö."

Geboren 1970 in Mindelheim, aufgewachsen in Türkheim, Studium in München, 1989 - 1996 Freie Mitarbeit bei der Mindelheimer Zeitung, Journalistenschule, Tätigkeit bei TV-Sendern. Seit 2009 selbstständiger TV-Autor, Tätigkeit für die ARD, Sat.1, ServusTV usw.

Literatur von Achim Schregle: Römerschanze, Memmingen 2010; Hurenwaibla, Memmingen 2011

Luitpold Schuhwerk

Alta Häuser

Alta Häuser send wia d'Leit,
dia mit d'r Zeit an Füaß und Händ'
und was es no' so allsand geit,
a bißla wacklig woara send.

Dau und det a morscher Stoi,
vom Wuraloch a Feahl –
es isch koi Irrtum, wenn i moi:
alta Häuser hand a Seal!

Es gand in solcha Häuser no'
Leit, dia nemma send.
I ka's it sa' – vo' eimatswo
füahrat so oim d'Händ'!

Verkaltat isch dau Vat'rs Hand –
dau denna war au' 's Wuchabett.
D'r Doad und 's Leaba hand
mitnand' Dia voader Kammer g'het.

Ma isch en deana alta
Wänd' koi bißla it alloi –
dia lang vor eis scha ganga send,
hand no dau denn ihr Hoi'!

aus: Keine laute Provinz

Heit isch a Festla

Heut isch a Festla und koi
klois, a Festla so wia selten ois
rukkat zema, d' Freid soll walta,
sei o'guats Gfries darf koiner b'halta.

A Schmezala soll d'Schluapa banna,
und d'Freid verwandla jeda Zanna.
D' Mauggla, Kneista land dauhoi, au
eada Siacha wenn mer koi.

Ra von dr' Seal mit deana Gwichter,
raus mit da Falta aus da Gsichter,
d'Freid dia haut iatzt Oberhand eiser
Stolz isch's Schwaubaland.

Die große Wandlung

*Auf ma Krautskopf groaß und rond
sitzt a Raup' und frißt si dura.
Oimaul oba – oimaul dond,
a unscheinbarer greaner Wura!*

*Auf oimaul heat 'r auf zum Fressa. Es
reicht – bald weat'r anderscht sei.
Sei Zeit zum Fressa ischt bemessa.
Er ändrat si' und puppt si' ei!*

*Über'n Winter – über's Jauhr,
irgend en 'ra kleina Renna
liegt, wia's scheint, a Toatabauhr.
Doch es reifat enna denna!*

*Z'maul, em Früahjauhr bricht des Haus.
Ganz ebbas anders kommt ans Liacht.
A weißer Schmetterling kommt raus.
Sieh – er flattrat und er fliacht!*

*Des Wunder, des isch zum beweisa
Und weat si wohl it leugna lau.
Bloß no fliacha- nemma kreisa bloß
no schweba – nemma gau!*

*I wott, i fiel dem Herr en d'Händ,
wenn mei Ührla nemma gaut,*

der mit ma ganz andra Gwand
dia wo kreisat – fliacha laut!

Übersch – wo's Liacht ganz herr,
wo's loi Schweara nemma geit.

Wo ma ewig mit si sell,
deanawets vo Raum und Zeit!

aus: Biera ond Zelta

Der Schnupfer

Er ziacht sei Dos vom Hosasack -
sei' Heiligtum voll Schnupftabak -

klopft na' und schütt' auf d'Faust a
Strängla, vo' schwaza Breasala a Schlängla,

Nau fährt'r mit sei'm Zinka drüber,
langsam gand em d'Auga über!

Er ziacht'n nauf, so weit als' gaut
durch sein ruaßigschwaza Kemma.

Ja, was ma em Hiara denna haut,
ka oim koi Mensch mea nemma!

aus: Bira ond Zelta

Dia Sieba Schwauba

Dia Sieba Schwauba

*Vo Dürka send so naus end' Welt
a Spießla an der Seita,*

*Potz, Blitz, was braucht der Mensch a'
Geld Wia schea isch's Land und d' Weita:
Dia Sieba Schwauba,
ihr derfetz glauba, send z'Türka dauhoi.*

*Kreuzfidel und wacker z'Fuß
und keck voar alla Dinga,*

*sie wend d'r Welt en scheana Gruaß,
vo eiserm Dürka bringa:
Dia Sieba Schwauba...*

*Bygoscht, a Spießla an der Stang,
sie land ist's it verdriaßa,*

*sie ziachat all am gleicha Strang,
da Deifel aufzomspießa:
Dia Sieba Schwauba...*

*Sie kochat friedlich mitanand
viel Spätzla, Nudla, Flädla*

*ond wenn sa so durch's Ländla
gand, nau wenked alla Mädla:
Die Sieba Schwauba...*

*Und aus ma lieba Schnätterla
wirft hintern Gatazau*

*a Küßla, Schullehrs Kätterla
wott geara mid na gau:
Dia Sieba Schwauba....*

Franzosabloama

Franzosabloama rota, blaua
geit's in da Wertachaua mit
ihra sammetweicha Stil
geit's en da Stauda dussa viel.
Bloama im Franzosahäs
brock i meim Schatz, der blonda Res'.

Zua da Äugla paßt des Blau
von deana bunta Bloama dau.

Ond 's Roat von dem Franzosafräckla
des paßt so schea zu ihra roata Bäckla
Bloama im Franzosahäs
brock i meim Schatz, der blonda Res'.

Ond wenn i nau mei Sträußla hau
will i mein Schatz id wada lau,
it om viel laß i mea luck
sie watet auf der Weatabruck.
Bloama im Franzosahäs
brock i meim Schatz, der blonda Res'.

Wo na mir miteinander gand
i ond mei Schätzla, Hand in Hand,
von der Bruck it gar so weit,
dau wo's Franzosabloama geit.
Bloama im Franzosahäs
brock i meim Schatz, der blonda Res'.

 Luitpold Schuhwerk, geb. 1922 in Türkheim. Nach der Volksschule Malerlehre. Nach der Heimkehr vom Krieg 1950 übernahm der Malermeister das elterliche Geschäft. Gestorben 2005.

Erste Gedichte veröffentlichte er in der Fischerei-Zeitung. Später brachte er eigene Gedichtbändchen heraus.

Literatur von Luitpold Schuhwerk:
„Des hau mer denkt," Weißenhorn 1986, „´s Wintersinna", Weißenhorn 1998; Gedicht in folgenden Sammelbänden: „Biera ond Zelta", Weißenhorn 1977, „Keine laute Provinz", Weißenhorn 1996; „So schwätzet mir", Augsburg 1988.

Sieglinde Seegger, geb. Schröttle

Über's Griaßa

*Statt „Griaß Gott" sait ma heit „Hallo" –
statt „Pfia Gott" „Tschüss", - i mecht
wissa wieso?
Isch des a Gruaß für d'Schwaubaleit?*

*Dau heißt 's all, d'Schwauba – dia sind
gscheit! Doch scheinbar it, sonschd dädad
mancha eisern Gruaß id so verschandla!
Geit's denn en scheanra Gruß em Land*

*als „Griaß Gott" und „Pfia Gott mitnand"?
Doch d'Leit plapprat hald so dahin,
modern muaß sein, des isch iazd „in".
Überlega duad dau koiner,*

*daß des a Schmarra isch, koi kloiner!
Mir Schwauba solled d'Sprauch erhalda
ond eisern Gruaß en Ehra halda!
Vielleicht denkt iazd doch mancher mea:
Eiser Gruaß, der isch doch schea!*

*I hoff, d'Leit wered au mea gscheit,
ma überlegt doch, was ma sait!*

*Sonschd gauts mit eisrer Sprauch berga,
wenn koiner mea „Griaß Gott" ka sa!*

S'Dotla!

Griaß Euch Gott, ihr lieaba Hochzeitleut
ihr sitzat heit ja so nett beinander

i bin frei au zum Gratuliera komma,
weil i scho au en Aschtand hau

Aber Martin, was machsch denn du heit für
a verdattrats Gsicht?

I bin doch die Dotla, weisch denn du des
it? Hau di doch zum Daufa draga,
drum will i dir heit au die Erlebnis sage.

Wia du die Dauf hausch ghett,

- soviel hau i no en meim Hiera -
sind mir auf em Daufschmaus
gwest von ois bis halba viera.

Dau hamers eis grad schmecka lau,
gessa, dronka, grad nauch Giera
und ham des Biebla nomaul dauft,
von ois bis halba viera.

Jetzt wia nau hausch a Hosa kriagt
ond en Leadergutl zum Schniera,
bisch frei oft im Dreck denn ghockt,
von oir bis halba viera.

Und en dr Schual wia bisch nau komma
und hausch wella gar it lerna und
studiera. Hausch miaßa oft nauchsitza
von ois bis halba viera.

*Und wia en d'Lehr nau komma
bisch und hausch wella it pariera,*

*hausch am Samstag schaffa miaßa,
von ois bis halba viera.*

Wia nau 20 Jauhr alt bisch woara

*und d'Mädla gera ghett hausch zum Fressa,
isch er oft hoim, ma muaß si fascht
schieniera, zwischen ois und halba viera.*

*Und jatz fällt dir gar no s Heirata ei,
ja hausch no it gnua vom Bussiera,*

*nau schmuschd halt an deim Weibla
rom, von oi bis halba viera.*

Aber des sag der,

*dua mir ja des Weibla it
draktiera, sosch sollsch s'Gremma
kriaga, von oi bis halba viera.*

*Und du Weibla, koch em doch recht guat,
a Kraut und saura Niera,*

koch eams aber sakrisch guat
it daß er kriegt s'Laksiera[12]
*und auf em Sitzbrett hocka muaß,
von ois bis halba viera.*

*Und wenn er amaul it folga
will und gar it recht parriera,*

*nau schpersch en glei en Keller
na, von ois bis halba viera.*

---

[12] „Laksira" bedeutet „Durchfall"

*Und dau hau i no a Dudl braucht,
dont mers aber it verliera,*

*wer weiß, ob's it no braucha kascht,
von oir bis halba viera.*

*Jatz recht viel Glück und recht viel Guats
und soll si huir no ebbas riara,*

*nau mecht frei i mea s'Dotla
sei, von ois bis halba viera.*

Zuschuß! Geschrieben am 21.5.1999

*Zuschuß isch a feina Sach, wer
dean it nemmt isch domm!*

*Ma macht grad d'Staußa und da
Bach, mit Zuschuß wieder „krumm".*

*Ma learnat hald von Zeit zu
Zeit, heit s'Alte au mea om,*

*wenn's für da Dreck en Zuschuß
geit, nau schiabt man rom und nom!*

S'Ehrenamt

*Willsch Du froh und glücklich
sei, laß di auf koi Ehraamt it ei.*

*Gar viele Stunda sinds wo'd „muasch"!
Es bringt au oft recht viel Verdruß.*

*Ma geit sei Geld aus, opfrat d'Zeit,
was kriagsch drfür: „Undankbarkeit".*

Dei Ruaf wird au oft no verletzt,

*wenn ma hinter Dir scho's Messer wetzt.
Kasch nemma so, bisch nix mea weat, was
doa hausch, war doch alls verkehrt.*

*Hausch's Geld nei gschuaschtrat oft und
immer, wer fraugt dr nauch, des zählt iatz
nimmer. Drum will ma dir a Böschtla geaba,
lehn's ab und sag „I will au leaba!"*

*Dauhoim isch doch am Aubad schea,
luag fern und mach's dir auf m Kanape bequem.*

*Du sparsch dir Ärger, Zeit und Geld
und bisch dr Glücklichscht auf der Welt.*

*Doch was dätat mir, wenn it mancha
Leit no a Ehreamt a'nemma dätat heit.*

*Drum, wenn mau di braucht, dann sagat
Ja, sonscht gauts em Verein und im Ort
ganz schnell berg a.*

Sieglinde Seegger ist 1938 in Hausen bei Mindelheim geboren und hat dort die Volksschule besucht. 1954 zog sie mit ihren Eltern nach Bad Wörishofen und schloß sich dort dem Trachtenverein an. 1961 heiratete sie nach Türkheim. Sie war viele Jahre aktiv im Trachtenverein, Sängerin im Unterallgäuer Bäuerinnenchor und Mesnerin im Altenheim.

Ludwig Seitz

Zum Klassentreffen am 16. April 1994

Hockat na, gend a Ruah, und losat gnau,
was i ui no zu saga hau'!

Fascht zwanzg Jauhr isch hea, dau
hau i folgendes Sprüchla gsea: Des
Alter isch a heiklig Haus,

es fang bald a zum wanka,
dem oina gand die Haare aus,
dem andra dia Gedanka.
Wenn i in da Spieagel lua

Und mei Hira so betrachta dua,
dau doba isch scha liacht und
dünn. I glaub, i bi scha mitta denn.
Da Kopf hau i auf d'Seita glegt,
und überlegt, ob i no ebbas zum saga hätt:

Jaz kommat mir in dJahr!

Wenn mir da Kalender so betrachtet
Und au auf dia Jährla achtet,
nau stellat mir huir glatt fest,
es rundet sich mea, es geit a Fest.
Oi hand scha gfeirat, Tag und Nacht

Dia andra kommat au no dra, gend nur acht.
Luagat mir so zruck auf a halbs Jahrhundert,
mi heit frei gar nix mehr wundert.

*Auf d'Welt send mir komma in ra scheana
Zeit Von Heil und Sieg hand oi no traimt.*

*O Mensch, wenn weasch denn du a maul
gscheit,*

*mützt's nix, wenn Gschichte studierst, gestern,
heit?*

*Oiner dreht em andra da Kraga um, koi
Säckla hosch in d'Ewigkeit nomm.*

*Zum Essa und Anzieha hausch grad soviel kriegt
Dass ma dahoi bloß it verdirbt.*

*S'groaße Los hand all dia no zoga,
dia ihr Hoimat hand verlora.*

*G'fraugat hat ma it, wo kommsch her, und
wer du bisch,*

Hauptsach, a guater Freund er isch.

*Hand' mir dann dia easchta Freiheita genieẞa
kenna,*

*scha heißt's in da Kindergata springa.
Haut d'Schwester Aquinata oin beim
Fehla drwischt,*

*glei ins Schwänzabüachla aufgnomma
wora bisch.*

*In d'Schul komma send mir mitanand und
doch getrennt ins Mädlahaus,*

*unsre Lehrer macht dia Bande gar nix aus.
Von d'r 3. und 4. Klasse kennat mir heut no a
Liadla singa,*

da Rektor Zacher sieh i no da
Geigaboga schwinga

an da Kaut Wolfi denk i da uno zruck
wia oft isch der wohl zema zuckt?

In d'r 3. Klass hörat mir's ersta maul was von
exerziera,
als d'Ancilla und Pater Pazifikus uns
an d'Kommunionbank dend na führa.

Buaba und Mädla waret trennt, wia Katz
und Maus,
grad deswega luagat ma nach dena Schürzla
aus. In d'r Klass war's a Komma und a Ganga,

was kasch au von der Zeit verlanga, au
heit isch it viel bessr, wia ma sieht,
d'r oi und ander in der Welt umanander zieht.

An's Gymnasium hat ma da Alfred strafversetzt,
er war in der Klass halt doch der Bescht.

Beim Römer hand mir grechnat, gmaulat,
gschrieba,
12 ½ Prozent send heit no hänga blieba.

S'Kopfrechna kommt oim sogar im Traum,
heit hängat die Zahla zweitest dob im Baum.
Dia 7. Klass hat ma oifach verschwinda lau, in
dia 6. und 8. hamm'r müaßa gau.

Es war halt z'eng und z'kloi in dr Bahnhofstrauß a
nuis ‚Schulhaus haut Gmoid baut, beim
Hegler-Haus.

Vom a Hallabad haut ma damals no it träumt,
in da Keller zum duscha send mir grennt.
Willsch heit nauch der scheana alta Buabaschul
Ausschau halta,
legscht dei' Hira glei in Falta,
nix isch mea dau vo dena netta Türmla,
koi Stoi isch über'm andra blieba.
D'Mädlaschul haut ma Gott sei Dank verhebt
Und 's Schößla au no neaba dett.

Jeda Föhl tret en Pferdeschwanz
und verdreht da Buaba da Kopf fast ganz. Ma
interessiert sich jaz scha mehr füranand,
d'Mädla dau bestimmte Vorzüg hand.
A paar Mädla haut ma auf Wörishofa zu
de Dominikanerinnen gschickt,
dia hand in deana scha ihren
Nachwuchs erblickt,
aber bei der Zucht und dem Brotsupp-
Essa war für dia des a leicht's Vergessa.

Dann kam dia große Frag: Was willscht wera,
ins Bergwerk hättet se uns gholt ganz gera.
Koiner von uns haut sich fanga lau,
müßtest heit doch glatt zum Bettla gau.

A paar Buaba hand dann Buachla
usicher g'macht,
d'rweil da andra a nuia Welt haut „glacht".

*Lehrjahr send keine Herrenjahr, des hand
mer gmerkt,*
dia oi und ander Watschn haut uns gstärkt.

*Wer weiß was zum verzähla von so manch heißer
Nacht,*
*dia mir in Zwicks altem Käskeller hand
verbracht.*
*D'r Kriminaltango kommt mir dau in da Sinn
und mancher Knaller in d'r Silvesternacht
drinn.*
*Daß d'r Kamin heit no stoht, isch doch a
Wunder,*
bei deam Pulver und deam Zunder.
*Verzähla kennat mir über so manche
schnapsige Stund
im Jagdhäusle in d'r Halde dond.*

*Schnell isch doch dia Zeit verganga,
dia easchta wend scha ganz gera Ringla traga.*
*Fascht jed's Häfele find't sein Deckel,
aus d'r Schäsa schreit a kloiner Bengel.*
*D'r Apfel fällt it weit vom Birabaum,
und dia Junga hältscht kaum im Zaum.*
*Wenn i so rumluag um dia Tisch,
dend Händ nauf, wer scha Oma und Opa isch.*
*An da Kend und an da Enkel merk mer's
halt, jaz werat mir mitnander alt.*

Dau willscht dein Griabiga und au die Ruah am Kanapee,

am Sonntagnachmittag en Kuache und a Tass' Kaffee,

d'r Glotzkasta lauft so manche iberflüssige Stund,

vermißt denn koiner an lustige Rund'?

Heit sitzat mir aber gmüatlich beinand,
zum Dischgriera gibt's so allerhand.

Dia oi und ander Gschicht dia Runde macht
Und über manchen Schabernak wead glacht.

Jaz muß i aufhöra, sonst schmeißet ihr mi naus,
Schluß, Aus, Amen, dia Geschicht isch aus.

 Ludwig Seitz, geb. 1944 in Türkheim, verheiratet, zwei Kinder, erlernte nach dem Besuch der Volksschule den Beruf des Schriftsetzers. 1970 übernahm er bei der Sparkasse in Türkheim den Posten des Kassiers, den er bis zum Ruhestand inne hatte. Seit über 50 Jahren hält er viele Ereignisse in unserem Markt im Bild fest. 20 Jahre führte er als Schatzmeister der DAV-Ortsgruppe Bad Wörishofen die Kasse. Auf seine Mithilfe bei vielen Ausstellungen (Johann-Georg-Bergmüller-Ausstellung 1988, Krippenausstellungen usw.) konnte man immer zählen. Neben Versla, die er zu runden Geburtstagen gebracht hat, macht er sich noch heute manchen Reim zum Abschluß von Gymnastikkursen.

Thomas Simnacher

Zur Eröffnung der neuen Lokalbahn Türkheim-Ettringen am 28. Oktober 1907

Was ma i all's verleaba ka
bis ma weardt a altr Ma.

Dös hätt' doch koi Mensch net denkt,
ma hätt'm o koin Glauba g'schenkt,
daß von Türk auf Eatringa na
o no käm' a Eisabah.

Es gaut dia Gschicht scho recht lang
her, ma haut scho gmoit es wear nix
mehr. Iaz isch so weit, doch scho voara,
daß ma ‚earschtmaul fahr ka.

Ma haut lang hin und her all gfraugat
und haut anand scho recht lang blaugat.
Wias hald ischt bei all so Sacha,

wau ma soll dia Bah na macha.
Oi hand gmoint glei hinda rah,
dia andra an dr Weata na.
Oi hands wölla gar it leida,

dau deab ma d'Aecker so verschneida.
Weil ma it jed'n g'fraugat haut,

so muaß iaz recht sei wau sa gaut.
Wenn o schimpfed jatz so G'sölla,
dia wau hand koi Bah it wölla.

Doch vielleicht no hindanaucha
da sa am End a manchr braucha.

Wenn oinr z'Türka hoba ischt
und hat scho b'reits versaumt sei
Frist und haut en Affa, n ganz rahra,
nau kann 'r mit der Bah hoim fahra.
Vielleicht hat oin'r z'Eatringa
dunda spät oft no a Gsöllschaft
g'funda, nau freits doch gwieß dea
guata Ma, daß iaz gaut dia Eisabah.

Dös ischt doch a alta G'schicht; Ganz
Türka haut a anders G'sicht ganz
Eatringa ist glei viel mehr weart
wenn ma a Eisbah pfeifa heart.
Und dia nobla Restationa,

dia fasset 'm hundertnauch Persona,
dau gibt's a Essa na blos fei,

a Bier und au n guada Wie'
Dir derfat aber doch it moina

weags deam seis nix mea bei da
oina. Diar wearat ja doch it so sei,
zu andra Wiart gand o non ei.

Heut dau ziaht alle ‚s Festhees a
voar lautr Freida mit dear Bah.

All's druckt heit sein Jub'l aus,
ma duat glei überal Fähna raus.

Iatz ischt dia Sach' no nui und wara,
all's will mit deam Zügla fahra:
Buaba, Mädla, Weib und Ma
fahrat auf d'r nuia Bah.
Oinr weard sa b'sonders loba,

der hat im Hath no 's Rechat
doba, dear haut g'watet auf dia
Bah, daß man dau mit na nimma
ka. Ois dös leit mir no im Maga

und i drau mirs fast it z'saga
doch muaß raus: Diar derfat frei
mit uir Bah it gar z'stolz sei. Dur
Ischina bis ins Zollhaus na
dau kommt iazt 's laufag Wass'r rah.

Dau sind mir bald doch bösser
dra, als diar mit uier Eisabah.

Dialekt

Wie der Schwabe den menschlichen Körper beschreibt:

Göggl, Zunka, Letscha, g'hearad zu dem Grind,

Fidla, Grattl, Wampa, vom andern Körper Teile sind.

Ischenga [Irsingen]

Komm i oft so naus en d'Welt,
bald dau bald ded, wias mir krag g'fellt,
dau red mi oft so mancher a
wau send dr hea, wau raus, wau na.

Von Ischenga sag i keck und
moi, i be it henterm Holz dahoi.
Von Ischenga, o du liaba Zeit,
waus lauter Kies und Stauda geit.

Dia oina saget, dau sei's so drucka,
dau debs oft mit em Fuater spucka.
Die oina saget es sei 's reinscht Taubahaus,
dr oi ziacht ei, dr oi ziacht aus.

Dr oi der det no soweit gau
es det krad auf dr Höllblatt schtau.
Doch des haut scha manchen droga
denn des Zuig isch all vrloga.

Diar send g'wis scha z'Ischenga gwesa
und hand des Deafla sell scha g'seacha.
No nix bsonders isch bei eis nia
gwest, es isch halt so a Baurag'höft.

Zum seacha geits bei eis o it viel, mir
gand halt no mit em alta Stil. Dr
Stadtpark isch en da Stauda duß, dau
geits Doaraschleah und Nuß.

Und d'Vögel sengat in dr Fruah,
bua dau gang naus, dau gaut's luschtig zua.

A Denkmal kam ma a oizigs seacha, es
kommt vom easchta Weltkriag hea.

Es miast na sei, daß ma z'guater
Letscht, wenn i stirb, nau no miar ois
setzt. Miar hand in eisem Örtla denna
koina öffentlicha Brunna.

Bei eis duat s'Wasser so a'laufa,

dau könnat s Vieh und d Mensch saufa.
Dr Verkehr isch o it groaß,
miar hand a „Stocker Böta" bloß.

Daß ois braucht it sell nomsprenga,
muaß dia s Zuig von Durka bringa.
Miar hand en Pfarr, en rechta Ma,
en Schuallehr, der schea orgla ka.

Und Handwerksleit, es isch a Freid,
Schuaster, Schneider, Zimmerleit

und Maurer, des hand miar krad gnua,
en Schmied und en Wanger o derzua.

Miar hand en Schreiner und en Kraumer,

iats briachtet miar bloß no en Strauß-a-raumer.
Miar hand en Wiat, en rechta Ma
der 's metzga und au 's wuschta ka.

Iats siehts von ui a jeder ei
was miar brauchet hand miar frei.
Ma ded no all auf Ischenga hocke,
es fehlt z Durka ond au z Stocka.

Und sogar scho z'Wörishofa hand
sa miaßa 's Bett verkofa. Wend
miar nei auf Kirchdoaf gau, dau
wend sa bessera Felder hau.

Aber gegs em Hard dau rei,
dau versenkat sa o it gleich.
Ramminga send zwei groaßa Oat,
dau weiß ma nix von oiner Noat.

Und doch hand sa scha gfraugat, ja warum
machet so z'Ramminga 's Holz allts um?
Gaut ma z Durka d'Hauptstrauß
na, dau duats glei a Groaßstadt ra.

Gaut ma a bissela weiter naus,
nau bettelets halt glei überlaut.
Auberg isch eis o bekannt,
dau handlet sa mit em weißa Sand.

Und oiner isch all gfahra Ischenga zua und
haut eis Roßwischt braucht krad gnua.
Z'Wiedergeltinga, dau geits wecha Leit,
dau gand sa ganz nauch dr nuia Zeit.

*Doch ebbes isch halt o derbai,
dau steahlat sa glei ganza Sei.
Stocka war a ganz netts Doaf,
aber dau hand sa glei d'Wassernoat.*

*No, all Ischenga, ma deat scha moina, s
deat gar nix fehla bei da oina.
Na, Ischenga, des weat fescht mitgnomma,
i be von Ischenga und über Ischenga laß i gar
nix komma.*

Thomas Simnacher ist 1859 in Isingen geboren und starb hier 1931. Er war Landwirt und Poet dazu. Simnacher schrieb Gedichte und Reden auf Hochdeutsch und im Dialekt und zu allen Anlässen. Häufig finden sich in seinem Nachlaß Trauerreden und –gedichte, oft gedruckt. Einige seiner Gedichte wurden in der Lokalpresse veröffentlicht.

Georg Weglehner

Stammtisch

*In jedem Dorf hots früher an Stammtisch geaba
des hot fescht g'hert zum Zammaleaba
Am Sonntag noch dr Kirch hot ma sich troffa
Mancher war do bis z'Mittag scho b'soffa*

*Stammtisch gibt's au no heit
blos in d'Kirch gangat nimmer so viel Leit
au g'rauft isch mehr worn wia heit,
i glaub, des duat heit niemand leid.*

*Und mit dera Emanzipation
hot sich au g'ändert manche Tradition
Heit sieht ma junge Fraua beim Stammtisch in
dr Wirtschaft sitza
D' Manner dond dr'weil dr'hoim bei
dr'Hausarbeit schwitza*

*Doch Stammtisch gibt's au in eiserm Flecka no
viel
a jeder halt mit'm andra Ziel
dia oine singat scheene Lieder
Mit großer Freid und nägscht Woch' wieder*

*Andre dont halt gera Kata
meischtens Schofkopf oder Watta*

Doch darf ma do halt s'aufhera it vergessa
D'Frau wated mitm Mittagessa

D'Jäger und d'Fischer kommat au gern z'amm
weil dia meischta was zum verzähla ham
Dia Meinung, dass do g'loga weat, halti i
für verstaubt
G'loga isch's doch erscht, wenn ma s'glaubt

A Stammtisch, jede Woch am gleicha Dag,
lässt für a paar Stund vergessa Leid und Plag
I frei mi jede Woch scho drauf
erscht wenn i stirb, gib i mein Stammtisch auf
Vielleicht gibt's da drüben au Stammtischbrüder
Dann ging i halt liaber nüber

Dr Dings

Beim Frühstück simmer g'sessa,
i und mei Frau -
a Käsbrot hommer gessa
und a Marmeladbrot au

G'redt hommer über Gott und die
Welt d'Frau über d'Leit
i übers Geld
Dann wars wieder mol so weit

Uns fallat einfach dia Nama nemma
ei s'ärgra hot do gar koin Zweck,
wenn'd alt weasch, bled bisch glei und
dia Nama send halt weg

Du, dr Dings, wia heißt'er glei, dr Dings
halt, den hob i geschtern troffa
er hot g'gsagt, er got in Wald
sei Bua, dr Franz, fahrt doch allweil mit
am blaua Mofa

Frau, hilf mir halt, du kennsch'n doch
au er isch recht groß, dr bärtig Ma
und schaffa duat er, glaub i, auf'm Bau
sei Frau schafft doch beim Edeka
Mir war'n erscht beianander oder
schafft er beim Salamander?

*Ja Ma, i weiss scho, wer des isch doch
fällt mit der Nama halt au it ei
mir isch des jetzt z'bled, i reim jetzt ab da
Frühstückstisch
vielleicht fällt uns der Nama doch no ei, kennt ja
sei*

*Da ganza Dag verfolgt uns dann des
Drama an Haufa Nama fallat oim do ei
blos it der richtig Nama
so liegat mir obends dann halt in unsre Betta nei*

*G'schlofa hob i wia a Bär
Do weckt mi mei Frau um halba Drei
sie weiss jetzt, wer dr Dings doch wär
Dr' Kummer Lenz, der isch des frei, do fällts
mir au glei wieder ei.*

*D'Frau, dia schloft glei wieder ei
mit meim Schlof isch'es jetzt vorbei
und oins weiß i halt leider au ganz g'wiß
morga – mit de Nama - isch wieder des gleiche
G'schiß*

Gell, dia Zeit vergot so schnell

Gell, dia Zeit vergot so schnell,
die Fernsehzeitung vom Dienschtag liegt aufm Tisch,
obwohl doch heit scho Freitag isch.
Und schau in den Terminkalender nei, denk
i, des ka doch gar it sei –

Gell, dia Zeit vergot so schnell,

Eiladunga, Stammtisch, Konzert, no muaß au no d´Biotonne naus

I kenn mi bald nimmer aus.
Und i glaub des jetzt bald sell,
Isch allaweil was los, schauts gefühlt,
no schneller aus.

Gell, dia Zeit vergot so schnell,
D'Uhr isch it schuld, des isch halt so,
der Zeiger dreht sich wia allweil
scho, zu jeder Zeit, zu alle Stunda,
immer seine gleiche Runda.

Gell, dia Zeit vergot so schnell,
Ma denkt, es geht allaweil so
weiter, auf der eig'na Lebensleiter,
Doch eines Tages ischs halt doch so weit

Dia Termine stehn no alle im Kalender drin -
blos kannsch du halt zu koim mehr hin.
Do wird's dann ganz ruhig und ohne Zeit
- Doch des isch göttliche Gerechtigkeit
Ob reich ob arm, ob dumm ob g'scheit bei
jedem isch es mol so weit.

D'Julia und d'Schneck

Es war a wunderscheaner Dag
so oiner, wia man gera mag –

D'Julia gaut mit dr Muatr spaziera
und allsamt duat sie halt intressiera
sie schaut it aufn Weg

weil sie halt intressiert a jeder Dreck
do dappt se auf a Schnecka nauf
ihr fällt des erscht no gar it auf

bis d'Muattr seit, dia wollt doch no leaba, do im Wald
a weisch Mama, isch it so schlimm, dia war scho alt.

 Georg Weglehner ist 1946 in Mindelheim geboren, verheiratet, 2 Töchter, 2 Enkel und seit 1971 in Türkheim ansässig. Er war Schaufenstergestalter, medizinischer Dokumentar, technischer Redakteur, 30 Jahre bei Siemens in München. Er reimt gerne wie schon sein Vater. Georg Weglehner schrieb und schreibt gerne Verse zu verschiedenen Anlässen und dichtete Lieder für den Stern-Rentnerstammtisch um.

Hubert Wiedemann sen.

Denkwürdiges Jahr auch für Türkheim

Denkwürdige Jahre auch für Türkheim brachte das Aufblühen des Bauerndorfes Wörishofen zum Kurort. Das segensreiche Wirken des Pfarrers Kneipp lockte viele Heilungssuchende aus aller Welt in jenen Wasserkurort, wo mit Güssen und Wickeln und naturgemäßem Leben Wunderdinge vollbracht wurden. Doch konnte das kleine Wörishofen den Gästestrom noch alleine nicht aufnehmen, weil so wenig Gaststätten vorhanden waren. Besonders viele Fürstlichkeiten aus Frankreich, Spanien, Großfürsten aus Russland kamen und suchten Heilung bei diesem Wunderdoktor. Auch der steinreiche Rothschild aus Paris suchte dort nach Heilung. Anton Wiedermanns Gasthaus Krone hatte zu dieser Zeit einen Lohnkutscherverkehr von Türkheim nach Wörishofen eingerichtet. Zu jener Zeit bestand noch keine Bahnverbindung von Türkheim nach Wörishofen.

So kam besonders die bessere Gesellschaft, vor allem der Adel, in den weit größeren Ort Türkheim und nahm das Mittags- und Abendessen hauptsächlich im Gasthof Adler ein. Bei dieser Gelegenheit besuchte so manche Fürstlichkeit den Gutshof oder machte einen

Spaziergang auf dem Ludwigsberg. So kam auch ein sehr bekannter Großfürst aus Russland, der riesige Besitztümer dort hatte, zu meinem Vater, der gehört hatte, dass er ein guter Viehkenner und Viehzüchter sei. Er bat meinen Vater, er möchte ihm mehrere Wagons graubraunes Vieh aus dem bekannten Schweizer Zuchtgebiet Zug am Zugersee besorgen, was er auch mehrere Jahre tat. Auch eines Tages, es war Winter, kam eine ganz junge Prinzessin aus Persien, die auch zur Kur in Wörishofen weilte, machte einen Spaziergang auf dem Ludwigsberg, sah im Hofweiher Leute, die Schlittschuh laufen. Sie war so begeistert von diesem Anblick, dass sie zu meinem Vater ging, der gerade sein Studium in Augsburg beendet hatte, und fragte, ob er ihr nicht auch Schlittschuhlaufen beibringen könnte. Er tat dies mit einer Begeisterung und als Dank dafür hat sie meinem Vater beim Abschied eine große Adelsmünze aus Gold überreicht. Die Münze hat mein Vater meiner Schwester Lydia geschenkt.

aus: Wiedemann, Hubert sen.: Die Höhen und Tiefern auf dem Ludwigsberg, [2]Berlin 2004

 Hubert Wiedemann wurde 1900 auf dem Ludwigsberg in Türkheim geboren. Er nahm an beiden Weltkriegen teil. Ausbildung zum Landwirt und „Anerkennung der Bauernfähigkeit". Er führte ab 1931 den landwirtschaftlichen Betrieb auf dem Ludwigsberg. Verheiratet, zwei Kinder, starb 1986 auf dem Ludwigsberg.
1983 schrieb Hubert Wiedemann die „Geschichte des Ludwigsbergs" auf und brachte sie als Privatdruck heraus. 2004 erfolgte die zweite Auflage und 2013 erschien eine erweiterte Fassung. Weiter schrieb er, besonders in den letzten Lebensjahren, für einige Zeitungen.

Literatur von Hubert Wiedemann: Die Höhen und Tiefen auf dem Ludwigsberg, 1985, [2]Berlin 2004, [3]2013

Literatur über Hubert Wiedemann: Türkheimer Heimatblatt 2015, Nr. 91

Einige Gedichte wurden aus folgenden Anthologien, mit freundlicher Genehmigung des Konrad Verlages, entnommen:

Biera ond Zelta – Schwäbische Mundartgedichte aus zwei Jahrhunderten, Weißenhorn 1977

So schwätzet mir, Augsburg 1988

Keine laute Provinz – Zeitgenössische Lyriker und Erzähler aus dem Schwäbischen, Weißenhorn 1996